Heinz Winkler

DREISTERNE-KÜCHE

FÜR ZUHAUSE

Heinz Winkler

Dreisterne-Küche für Zuhause

unter Mitarbeit
von Jutta Buer
mit Fotos
von Reinhart Wolf

Südwest Verlag München

Idee und Auswahl: Jutta Buer, München
Rezeptrealisation: Jutta Knoll, München
Textredaktion: Martina Meuth, München
Entwurf der Buchgestaltung:
Peter Schmidt Studios, Hamburg
Fotos: Reinhart Wolf, Hamburg,
aufgenommen im Restaurant »Tantris«, München

Der Autor bedankt sich bei seiner Mannschaft:

Rudolf Karr	Peter Wagner
Martin Schmelzle	Peter Wimmer
Werner Licht	Peter Stang
Erwin Fürstauer	Armin Steger
Martin Klieber	Jan Brevet
Josef Fillscheider	Ludwig Kinberger
Peter Stein	Rudolf Schmolz

und bei den Pilzsammlern:
Frau Böhm und Herrn Halfen

© 1984
by Südwest Verlag GmbH & Co. KG, München
Alle Rechte, auch die des
auszugsweisen Abdrucks, vorbehalten
ISBN 3 517 00824 9
Satz: Typostudio SchumacherGebler, München
Reproduktion und Druck:
Karl Wenschow GmbH, München
Einband: R. Oldenbourg, München

Inhalt

Vorwort   7

Persönliche Empfehlungen
aus meiner Küche   9

Kalte Vorgerichte   11

Warme Vorgerichte   59

Suppen   79

Fisch   95

Schal- und Krustentiere   117

Fleisch und Innereien   133

Geflügel   159

Wild   181

Beilagen   193

Desserts   215

Grundrezepte   247

Menus   259

Fachausdrücke   261

Verzeichnis der Rezepte   267

Vorwort

Wenn ich abends, nach dem Essen, durchs Restaurant gehe, um mich zu erkundigen, ob die Gäste zufrieden waren, werde ich manchmal nach dem einen oder anderen Rezept gefragt. Und oft habe ich dann den Eindruck, man meine, ich hielte mit den wichtigsten Zutaten hinterm Berg, ich verschwiege die Tricks, auf die es ankommt – so einfach könne es doch gar nicht sein, irgendein Geheimnis müsse dahinterstecken. Spätestens dann aber, wenn diese interessierten Feinschmecker mir über die Schulter in die Kochtöpfe schauen, glauben sie es mir: Kochen ist wirklich keine Hexerei.

Aber – und das ist vielleicht das Geheimnis – etwas ist tatsächlich nötig, damit am Ende schmackhafte Speisen auf den Teller kommen: allerbeste Produkte von makelloser Qualität – taufrische Gemüse, maßvoll gedüngt und jung geerntet; Fleisch von Tieren, die natürlich ernährt und nicht mit Kraftfutter vollgestopft wurden; Fische aus sauberen Gewässern, die so frisch wie irgend möglich verarbeitet werden; und Früchte, die reif geerntet wurden und aus Gegenden stammen, wo optimale Bedingungen für ihr Gedeihen herrschen. Kurz: Produkte, die gut schmecken! Sonst kann auch der begabteste Koch nichts Außergewöhnliches daraus zaubern.

In meiner Heimat, in Südtirol, bin ich mit unverfälschten Nahrungsmitteln aufgewachsen. In meiner Kindheit waren Äpfel, die nach Äpfeln schmeckten, selbstverständlich. Fleisch war kernig, der Schinken mindestens ein Jahr lang luftgetrocknet. In den Wäldern gab es Pilze in Hülle und Fülle. Die Beeren waren vielleicht nicht so groß wie heute, dafür war ihr Geschmack intensiver und aromatischer. All das ist heute leider längst nicht mehr selbstverständlich: Man muß suchen, um gute Produkte zu finden!

So wird für jeden, der mit diesem Buch arbeiten will, die größte Schwierigkeit sein, die entsprechenden Zutaten aufzuspüren. Aber dafür kann ich Ihnen einen Hinweis geben: Ein Händler ist meistens so gut, wie es seine Kunden von ihm fordern. Machen Sie Ihren Händler – wenn Sie spüren, daß er Sinn dafür hat – zu Ihrem Komplizen. Schicken Sie ihn auf die Suche nach einem Ziegenkitz, das nur höchstens sechs Wochen alt sein darf. Stacheln Sie seinen Ehrgeiz an, für Sie das beinahe Unmögliche zu finden. Sie werden sehen – am Ende wird er denselben Spaß daran haben wie Sie, Nahrungsmittel in hervorragender Qualität aufzuspüren.

Genauso, wie es hartnäckige Kunden geschafft haben, die deutsche Milchwirtschaft dazu zu animieren, Crème fraîche herzustellen, wird es sicher auch möglich sein, daß endlich überall Crème double zu kaufen ist, eine dicke, frische, nicht säuerliche Sahne von mindestens 45% Fettgehalt. Für viele Saucen ist nämlich Crème fraîche einfach nicht geeignet, weil ihre Säure die zarten Aromen beeinträchtigt und verfremdet. Wie man sich in diesem Fall helfen kann, finden Sie in den „Empfehlungen" auf Seite 9.

Ein ganz persönliches Wort zum Schluß:
Die Rezepte in diesem Buch sind ein Auszug aus meiner Arbeit im „Tantris", aber auch der Niederschlag meiner ganz persönlichen Vorlieben. Sie finden hier Gerichte der luxuriösen und aufwendigen Küche eines Restaurants – soweit sie im Haushalt nachvollziehbar sind – und gleichzeitig Einfaches, Schlichtes aus der bürgerlichen Küche.

Und so wünsche ich Ihnen Gewinn aus diesem Buch, viel Vergnügen und gutes Gelingen beim Nachkochen der Rezepte.

Ihr
Heinz Winkler

Persönliche Empfehlungen aus meiner Küche

1. Fonds

Die Rezepte dieses Buches basieren auf einer Art des Kochens, die auf vorbereiteten Fonds aufbaut. Grundrezepte für diese Fonds finden Sie auf den Seiten 247 bis 256.

Es empfiehlt sich, die benötigten Fonds in größerer Menge bei einem Arbeitsgang vorzukochen und portionsweise einzufrieren. Das benötigte Quantum kann dann jederzeit aufgetaut werden, und die schnelle, optimale Zubereitung von Saucen wird dadurch möglich.

Diese Methode der Saucen-Bereitung ist vor allem bei Fisch-Gerichten besser als die herkömmliche Art, da die Sauce mit Hilfe des Fonds bereits vor und während der Garung des Fisches zubereitet werden kann.

In der klassischen Küche hingegen mußte man ein Austrocknen des Fisches in Kauf nehmen, da die Sauce erst auf dem Garsud oder den Bratrückständen aufgebaut werden konnte. Während dieser Zeit mußte der Fisch warm gehalten werden, verlor dabei Saft und garte nach.

2. Crème double

Viele Rezepte enthalten als Bestandteil Crème double. Diese Sahne aus Frankreich mit einem erhöhten Fettgehalt von 45% ist in Deutschland leider nur schwer erhältlich.

Sie können jedoch statt dessen unsere deutsche Sahne (mit einem Mindestfettgehalt von 30%) um ein Drittel einkochen. Dadurch verdampft ein Teil der Flüssigkeit und der Fettgehalt erhöht sich auf die erwünschten 45%.

Falls die Sahne beim Reduzieren gerinnen sollte, kann sie ganz leicht mit einem Schneebesen unter Zugabe von einigen Tropfen Eiswasser glattgerührt werden.

3. Saucen aufschlagen

In der klassischen Küche hat man Saucen durch Zugabe von eiskalten Butterstückchen aufmontiert, also gebunden.

Ich habe eine einfachere Methode gefunden, die eine geringere Buttermenge erfordert. Bei Saucen, die eine dickflüssige Konsistenz haben sollen, gebe ich die Butter mit normaler Kühlschranktemperatur einfach am Stück dazu, lasse sie verkochen und schlage die Sauce dann im Mixer bei höchster Stufe auf.

Die Bindung der Sauce ist abhängig von der Drehzahlstärke Ihres Mixers. Wenn Sie einen kleineren Mixer mit niedriger Leistung oder den Passierstab Ihres Handrührers verwenden, sollten Sie etwa ein Drittel mehr Butter zugeben, als im Rezept genannt ist.

4. Mögliche Fehlerquellen bei Saucen

1. Die Sauce ist zu dünn und schmeckt leer:

Wahrscheinlich wurde der Fond oder die zugegebene Consommé nicht genügend reduziert. Passieren Sie eventuell enthaltene Einlagen nochmals ab und lassen Sie die Sauce weiter einkochen. Dann wieder im Mixer aufschlagen und die Einlage zugeben.

2. Die Sauce ist zu dünn, aber der Geschmack ist kräftig genug:

Die Drehzahl Ihres Mixers, mit dem Sie die Sauce aufgeschlagen haben, war nicht hoch genug. Passieren Sie eventuell enthaltene Einlagen ab und lassen Sie zusätzlich etwa ein Drittel der im Rezept angegebenen Buttermenge in der Sauce verkochen. Nochmals aufschlagen und die Einlage wieder zugeben.

3. Die Sauce ist geschmacklich leer, aber dick genug:

Wahrscheinlich war Ihre Grundbrühe (Fond oder Consommé) nicht kräftig genug. Reduzieren Sie nochmals etwas davon auf ein Minimum und würzen Sie die fertige Sauce mit diesem Extrakt.

Wichtige Abkürzungen bei den Rezepten:
EL bedeutet Eßlöffel
TL bedeutet Teelöffel

Kalte Vorgerichte

Enten- oder Gänsestopfleber naturel im Pfeffermantel nach Rudolf Karr

für 4–6 Personen

Das Wichtigste für dieses Rezept: eine erstklassige Enten- oder Gänsestopfleber

Zutaten:

1 Enten- oder Gänsestopfleber
(ca. 800 g)
50 g Gänseschmalz
grober schwarzer Pfeffer

Gewürzmischung aus:
14 g Salz
4 g Pökelsalz
4 g Pfeffer
1 Prise Zucker

Zubereitung:

Die Leber auseinanderbrechen, die Hälften aufschneiden, vorsichtig Blutadern und Nerven entfernen. Die auseinandergeklappten Leberhälften mit der Gewürzmischung bestreuen und wieder zusammenfügen.

Die Leber in ein Tuch einrollen und ihr dabei die Form einer Salami geben. Mit Wurstgarn zusammenbinden und 12 Stunden in den Kühlschrank legen. Dadurch wird die Leber wieder fest und behält ihre Form.

Nach dieser Zeit das Tuch entfernen und die Leber in ausgelassenem, abgekühltem Gänseschmalz wenden, bis sich eine 2 mm dicke Schicht gebildet hat. Sie entsteht schnell, weil das gerade fest werdende Schmalz sofort an der eisgekühlten Leberrolle erstarrt. Anschließend die Leber in grobem Pfeffer rollen, in Aluminiumfolie einwickeln und mindestens 5 Tage im Kühlschrank aufbewahren.

Fertigstellung:

Vor dem Servieren den Pfeffer und den Fettmantel entfernen. Von der Rolle vorsichtig Scheiben abschneiden. Die Scheiben auf Tellern anrichten und nach Belieben mit Salatblättern garnieren.

Hausgebeizter Lachs

für 12–15 Portionen

Wichtig ist hierfür ganz frischer Lachs allerbester Qualität, ohne Kopf, längs halbiert, sorgfältig entgrätet und sauber pariert

Zutaten:

100 g Salz
100 g Pökelsalz
100 g Zucker
1 TL gestoßener weißer Pfeffer
1 TL Zitronenschale, gehackt
250 g Dill, gehackt
1 TL Koriander
1 TL Wacholderbeeren
1 Seite frischer Lachs
(ca. 800–1000 g)

1 l Milch
1 l Olivenöl

Zubereitung:

Salz, Pökelsalz, Zucker, Pfeffer, Zitronenschale gut vermischen. Den gehackten Dill, Koriander und die zerdrückten Wacholderbeeren unterheben.

Diese Mischung über den Lachs streuen, mit Folie abdecken und im Kühlschrank 24–36 Stunden ziehen lassen.

Diese unterschiedliche Zeitspanne ergibt sich daraus, daß nicht jeder Lachs die Gewürze gleichmäßig aufnimmt. Deshalb sollten Sie den Lachs nach 24 Stunden probieren, um herauszufinden, ob er genügend gebeizt ist. Dann aus der Marinade nehmen und mit Wasser gut abspülen.

Fertigstellung:

Ist der Lachs fertig gebeizt, legen Sie ihn eine Stunde in Milch. Dabei wird er weich, denn das Salz hat ihm während des Beizens Flüssigkeit entzogen. Wird der Lachs nicht gleich verwendet, legen Sie das abgetrocknete Stück in Olivenöl. Das macht ihn besonders geschmeidig, und die Haltbarkeit erhöht sich auf bis zu 5 Tage.

Bemerkung:

Das Öl kann anschließend weiterverwendet werden, vor allem zum Braten von Fisch.

Verschiedene Meeresfische auf Kressesauce

für 4 Personen

Verwenden Sie vorzugsweise die milde französische Brunnenkresse, die bundweise verkauft wird

Zutaten:

Kressesauce

1 Bund Brunnenkresse
⅓ Kästchen Gartenkresse
10 g Petersilie, gezupft
10 g Kerbel, gezupft
2 EL Spinat, blanchiert und ausgedrückt
5 cl Consommé
5 cl Crème fraîche
Salz, Pfeffer, Zitronensaft
3 cl Weißwein
1 cl Noilly Prat

Garnitur

½ frische Gartengurke
Salz
20 Kresseblätter

Meeresfische

100 g Lachsfilet
100 g Seezungenfilet
100 g Hummer oder Languste
100 g Steinbuttfilet
Salz

Zubereitung:

Die Kräuter waschen und hacken, mit dem gehackten Spinat und der Consommé im Mixer pürieren. Bitte nicht zu lange mixen, da die Kräuter, wenn sie warm werden, einen bitteren Geschmack annehmen. Die Flüssigkeit abpassieren und die verbleibende Masse mit der Crème fraîche verrühren. Mit Salz, Pfeffer und Zitronensaft abschmecken. Den Weißwein und den Noilly Prat in einer Sauteuse auf ein Viertel reduzieren, erkalten lassen und unter die Kressesauce mischen.

Von der Gurke die Kerne entfernen, das Fleisch in kleine Würfel schneiden und leicht salzen.

Die verschiedenen Fischstücke je nach Größe in gut gesalzenem Wasser etwa 3–4 Minuten pochieren. Auf einem Tuch abtropfen lassen.

Fertigstellung:

Die Kressesauce in tiefe Teller geben, mit einigen Kresseblättern garnieren, in die Mitte die Gurkenwürfel legen und die lauwarmen Fischstücke darauf anrichten.

Entengelee mit Kaviarsahne

für 4 Personen

Das Gelee sollte nicht schnittfest sein, sondern gerade erstarrt

Zutaten:

<u>Entengelee</u>

Entenschenkel, -flügel und
-karkassen von zwei Enten
50 g Staudensellerie
1 Karotte
50 g Zwiebel
0,2 l Chablis
4 Stück Sternanis
2 Eiweiß
1 l Fond blanc oder Geflügelbrühe
Salz
6 Blatt Gelatine

<u>Kaviarsahne</u>

100 g Crème double
Salz
5 TL Kaviar

<u>Garnitur</u>

16 kleine Spinatblätter, roh
Öl
Salz

Zubereitung:

Die Entenkarkassen mit dem geputzten, grob gewürfelten Gemüse ohne zusätzliches Fett leicht ansautieren, da die Karkassen genügend Eigenfett haben.
Das verflüssigte Entenfett nun abgießen und mit dem Chablis ablöschen. Den Sternanis zugeben und völlig abkühlen lassen. Nach dem Erkalten wird das leicht geschlagene Eiweiß gut untergemischt und mit dem kalten Fond blanc aufgefüllt. Mit Salz abschmecken und eine Stunde leicht köcheln lassen. Während des Kochvorgangs Schaum und Fett ständig abschöpfen. Die Brühe noch 5 Minuten stehenlassen und dann durch ein Tuch passieren. Die letzten Fettaugen mit saugfähigem Papier entfernen und eventuell nachwürzen. Die eingeweichte Gelatine darin auflösen und die Brühe im Kühlschrank erstarren lassen.

Die Crème double mit etwas Salz steif schlagen und den Kaviar unterziehen. Die Sahne sollte gut würzig schmecken.

Die rohen Spinatblätter mit etwas Öl und Salz marinieren.

Fertigstellung:

Das fest gewordene Entengelee – grob gehackt oder in Nocken abgestochen – auf gekühlten Tellern anrichten, mit den Spinatblättern garnieren und von der Kaviarsahne kleine Nocken auf das Gelee setzen.

Hausgemachte Matjesheringe

für 4–5 Personen

Natürlich sollten Sie hierfür echte Matjes verwenden, also junge Heringe, die noch nicht gelaicht haben. Ihre Saison dauert von Mitte November bis Mitte Februar

Zutaten:

<u>Matjesheringe</u>

6–10 frische Heringe

<u>Marinade</u>

10 Wacholderbeeren
1 Lorbeerblatt
1 Knoblauchzehe
500 g weiße Zwiebeln,
in Scheiben geschnitten
20 Pfefferkörner
0,1 l Rotweinessig
0,2 l Weißweinessig
5 cl Estragonessig
¼ Zitrone ohne Schale
10 Korianderkörner
70 g Salz
1 TL Zucker
2 l Wasser

Zubereitung:

Die Heringe filetieren, enthäuten und in eine Wanne einschichten, jedoch nicht übereinander.

Sämtliche Zutaten zusammen aufkochen, auf die Hälfte reduzieren und abkühlen lassen.

Den lauwarmen Sud über die filetierten Heringe geben und diese 24 Stunden im Kühlschrank durchziehen lassen.

Fertigstellung:

Die Heringsfilets mit den Zwiebeln aus der Marinade anrichten, mit heißen Pellkartoffeln und eventuell etwas saurer Sahne mit Schnittlauch servieren.

Gemüse-Terrine mit Trüffel-Vinaigrette

Eine Terrinenform von 25 x 8 x 8 cm ergibt ca. 14 Portionen

Bei dieser Terrine können Sie Ihrer Fantasie in der Auswahl der Gemüse freien Lauf lassen. Es eignet sich alles, was Ihnen schmeckt und was Sie auf dem Markt oder im Garten finden – deshalb soll dies nur eine Anregung sein

Zutaten:

Terrine

80 g Artischockenböden
80 g Keniabohnen
200 g Zucchini
200 g Karotten
150 g Gänseleber-Parfait
10 Trüffelscheiben
1 l Consommé, geklärt
10 Blatt Gelatine
Salz

Vinaigrette

6 EL Nußöl
2 EL Himbeeressig
2 TL Balsamico-Essig
2 TL Trüffeljus aus der Dose
Salz, Pfeffer

Zubereitung:

Die Mengenangaben beziehen sich auf fertig geputzte Gemüse. Diese sind, jede Sorte für sich, in etwas Salzwasser zu garen und in Längsscheiben zu schneiden. Die Gänseleber ebenfalls in Scheiben schneiden. Die Consommé erhitzen, die in kaltem Wasser eingeweichte Gelatine darin auflösen und salzen.

Die angegebenen Zutaten mit den in feine Würfel geschnittenen Trüffeln sehr gut verrühren. Mit Salz und Pfeffer abschmecken.

Fertigstellung:

Den Boden der Terrine etwa 1 cm dick mit dem abgekühlten, aber noch flüssigen Gelee ausgießen und im Kühlschrank erstarren lassen oder die Terrine auf Eis stellen. Bevor Sie nun die erste Schicht Gemüse einlegen, müssen diese in flüssigem Gelee gewendet werden und erst dann auf die bereits erstarrte Schicht gelegt werden. Das eingeschichtete Gemüse begießen Sie wieder mit einer Schicht Gelee, welches Sie im Kühlschrank erstarren lassen. Diesen Vorgang wiederholen Sie, bis die Terrine gefüllt ist. Vergessen Sie jedoch nicht, die Gemüse immer mit Gelee zu benetzen, da sonst die Terrine beim Aufschneiden auseinanderfällt. Zwischendurch eine Schicht mit der Gänseleber und den Trüffeln einlegen.

Die Gemüse-Terrine in Scheiben schneiden. Dies geschieht am besten mit einem elektrischen Sägemesser.

Die Gemüse-Terrinen-Scheiben mit der Trüffel-Vinaigrette servieren.
Nach Belieben mit Salat und ansautierten Gänseleberwürfeln garnieren.

Lachstatar mit Basilikum

für 4 Personen

Unkompliziert und schnell zuzubereiten, vorzüglich auch
zu einem Glas trockenen Weißwein oder zum Aperitif geeignet

Zutaten:

400 g roher Lachs,
enthäutet und entgrätet
Salz, Pfeffer aus der Mühle
½ Zitrone, Saft
1 EL Olivenöl
4 Basilikumblätter

Garnitur

Feldsalat, in Öl und Salz
mariniert
Brot-Croûtons

Zubereitung:

Vom Lachs die dunklen Fettstellen wegschneiden,
das Fleisch in ganz kleine Würfel schneiden und mit Salz,
Pfeffer, Zitronensaft und Olivenöl abschmecken.
Die feingeschnittenen Basilikumblätter zugeben und gut
vermischen.

Fertigstellung:

Das Lachstatar mit etwas Feldsalat auf Tellern anrichten
und mit Brot-Croûtons servieren.

Nach Belieben kann das Tatar auch mit Kaviar
gereicht werden.

Bemerkung:

Es ist unbedingt wichtig, zur Zubereitung des Tatars
einen ganz frischen und frisch filetierten Lachs
zu verwenden. Nur dann ist der Geschmack hervorragend.

Garnelen auf Salat mit Zitronen-Dressing

für 4 Personen

Verwenden Sie dafür unbedingt frische Garnelen; nur im Notfall roh eingefrorene
von bester Qualität, die Sie langsam auftauen lassen, am besten über Nacht im Kühlschrank.
Ungeeignet in jedem Fall sind bereits abgekochte Garnelen

Zutaten:

Garnelen

1 l Wasser
Salz
½ TL Kümmel
300 g Garnelen

Zitronen-Dressing

8 EL Olivenöl
4 EL Keimöl
2 Zitronen, Saft
Salz, Pfeffer

Salat

10 Kopfsalatblätter vom Herzen
2 Avocados

Zubereitung:

Das Wasser mit Salz und Kümmel aufkochen,
die Garnelen darin 2–3 Minuten garen. Dann die Schwänze
aus den Schalen lösen.

Oliven- und Keimöl mit dem Zitronensaft, Salz und
Pfeffer im Mixer bis zur Bindung mixen. Das Olivenöl muß
vor der Verwendung sehr kalt sein.

Die Kopfsalatblätter in feine Streifen schneiden.
Das ausgelöste Avocadofleisch würfeln.
Beides mit reichlich Zitronen-Dressing vermischen.

Fertigstellung:

Den angemachten Salat auf Tellern anrichten.
Die Garnelen darüber verteilen.

Gänseleber-Parfait mit Trauben in Traminer-Gelee

für 4 Personen

Bedarf einiger Sorgfalt beim Anrichten, ist aber sonst unkompliziert zuzubereiten. Besonders praktisch für Gäste, weil es sich bequem im voraus herstellen und anrichten läßt

Zutaten:

Gänseleber-Parfait

1 Gänseleber von ca. 600 g
10 g Salz
2 cl Portwein, rot
1 cl Traminer Auslese
ca. 500 g grüner Speck, vom Metzger in große Scheiben (parallel zur Schwarte) geschnitten

Traminer-Gelee

ca. 200 g Geflügelkarkassen (wenn vorhanden)
30 g Staudensellerie
30 g Karotte
30 g Lauch
10 g Butter
0,3 l Traminer Auslese
2 Eiweiß
½ l kräftiger Geflügelfond
Salz
4 Blatt Gelatine

Trauben

150 g kernlose, nicht zu süße Trauben (z. B. Sultanas oder Muskattrauben)

Garnitur

4 Weinblätter (frisch abgekocht oder aus dem Glas)

Zubereitung:

Gänseleber enthäuten, der Länge nach aufschneiden und auseinanderklappen. Von allen Adern und Nerven befreien, überall salzen, mit Portwein und Traminer aromatisieren. Eine Terrinenform mit dem Speck auskleiden, so daß die Enden ein Stück über den Rand hängen. Die Gänseleber hineindrücken und die Speckenden darüberklappen, damit die Gänseleber gut eingeschlossen ist. Mit einem passend geschnittenen Brett bedecken und mit einem Gewicht von ca. 250 g beschweren. Mindestens 1–2 Tage im Kühlschrank marinieren lassen. Der Gänseleber kann man nach Belieben eine runde Form geben, indem man sie, anstatt in die Terrine zu geben, in ein Tuch einschlägt.

Geflügelkarkassen mit den geputzten und grob gewürfelten Gemüsen in der Butter ansautieren. Falls keine Karkassen zur Hand sind, ist es auch ausreichend, wenn Sie nur die Gemüse ansautieren. Mit dem Traminer ablöschen und völlig erkalten lassen. Das Eiweiß leicht schlagen und gut daruntermischen. Mit der kalten Brühe auffüllen, zum Kochen bringen und ca. 10 Minuten köcheln lassen, salzen. Alles noch 5 Minuten stehenlassen und dann durch ein Tuch passieren.
Die Gelatine in kaltem Wasser einweichen, ausdrücken und in der Brühe auflösen. Zum Abkühlen in den Kühlschrank stellen.

Die Trauben waschen, von den Stielen zupfen und halbieren.

Fertigstellung:

Auf großen, flachen Tellern mit dem erkalteten, aber noch nicht erstarrten Gelee einen kleinen Spiegel gießen. Die Leber vom Speck befreien und in Scheiben schneiden. Die Parfait-Scheiben mit den halbierten Trauben und den Weinblättern auf dem Geleespiegel anrichten. Alles erneut mit Gelee überziehen und zum Erstarren in den Kühlschrank stellen.

Kaninchenfilet mit Nieren und Leber auf Feldsalaten

für 4 Personen

Achten Sie darauf, daß Sie hierfür junge, also kleine Kaninchen bekommen. Sie sind besonders zart

Zutaten:

Vinaigrette

5 EL Olivenöl
1 TL Sherry-Essig
1 TL weißer Estragonessig
1 TL Weißweinessig
1 TL roter Estragonessig
Salz, Pfeffer

Salate

100 g Feldsalat
10 g Friséesalat
5 g Kerbel
5 g Basilikum

Kaninchenfilet

200–250 g Kaninchenfilet, ausgelöst (entspricht 2 Kaninchenrücken)
120 g Kaninchenleber
4 Kaninchennieren
Butter zum Braten
Salz, Pfeffer

Zubereitung:

Das Öl mit den verschiedenen Essigsorten verrühren, mit Salz und Pfeffer würzen.

Die Salate waschen und putzen, den Kerbel zupfen und die Basilikumblätter in feine Streifen schneiden.

Die Kaninchenfilets von Haut und Sehnen befreien, die Filets würzen und rosa braten. Die Kaninchenleber und -nieren kurz anbraten, salzen und pfeffern.

Fertigstellung:

Die Salate mit der Vinaigrette anmachen.
Die Kaninchenfilets in dünne Scheiben schneiden, ebenso Leber und Nieren. Den Salat auf Teller verteilen und Kaninchenfiletscheiben, Nieren und Leber darauf anrichten.

Warmer Kalbskopf in Salsa verde

für 4 Personen

Ein Gericht, bei dem der Kalbskopf keineswegs eine deftige Angelegenheit ist.
Die Salsa verde ist längst nicht so fett wie eine Vinaigrette

Zutaten:

<u>Kalbskopf</u>

½ Kalbskopf-Maske
(also ohne Knochen)

<u>Sud</u>

1 Lorbeerblatt
10 Pfefferkörner
1 Zwiebel, gespickt mit
2 Nelken
Salz

<u>Salsa verde</u>

70 g krause Petersilie
30 g glatte Petersilie
130 g Essiggurke
2 Sardellenfilets
1 Schalotte
10 Kapern
2 EL Rotweinessig
2 EL Olivenöl
Salz, Pfeffer

Zubereitung:

Ich empfehle, den ½ Kalbskopf säuberlich ausgelöst und pariert beim Metzger zu kaufen. Er wird nun eine Stunde in warmem Wasser gewässert und in einem hohen Topf (ca. 35 cm ⌀) mit kaltem Wasser bedeckt, unter Zugabe der Gewürze ca. 1½ Stunden gut weichgekocht. Nach Beendigung der Kochzeit den Sud leicht salzen und den Kalbskopf bis zum Servieren im heißen Sud ruhen lassen.

Petersilie, Essiggurken, Sardellen, Schalotte und Kapern durch die feine Scheibe des Fleischwolfes drehen oder im Mixer ganz fein hacken. Mit Essig und Öl verrühren, mit Salz und Pfeffer abschmecken.

Fertigstellung:

Den Kalbskopf in 4 x 4 cm große Stücke schneiden und warm mit der kalten Kräutersauce servieren.

Bemerkung:

Am besten schmecken dazu neue kleine Pellkartoffeln.

Komposition von Kalbshirn und Züngerl in Schnittlauch-Vinaigrette

für 4 Personen

Wie alle Innereien müssen Hirn und Züngerl makellos frisch, höchstens einen Tag alt sein. Wichtig ist außerdem: Das Züngerl muß butterweich gekocht sein

Zutaten:

Zunge

1 Kalbszunge
2 Lorbeerblätter
1 Zwiebel
1 Stück Staudensellerie
5 Pfefferkörner
Salz

Hirn

1 l Fond blanc, kräftig
1 Lorbeerblatt
1 kleine Karotte
1 Stück Staudensellerie
1 Stück Lauch
2 cl Weißwein, trocken
2 Kalbshirne

Vinaigrette

3 EL Olivenöl
1 EL Rotweinessig
1 TL Balsamico-Essig
Salz, Pfeffer aus der Mühle
2 EL Schnittlauch
3 Schalotten
1 Tomate, mittelgroß

Garnitur

Kresseblätter
Radieschen

Zubereitung:

Die Zunge mit den übrigen Zutaten in einem Topf mit Wasser aufsetzen und 45–60 Minuten kochen lassen. Herausnehmen, unter fließendem kalten Wasser abspülen und die Haut abziehen. Bis zur späteren Verwendung zurück in den Sud legen und diesen leicht salzen.

Den Fond blanc mit dem Lorbeerblatt, den geputzten, grob gewürfelten Gemüsen und dem Weißwein aufkochen. Das Hirn in lauwarmem Wasser wässern, unter fließendem Wasser die Haut abziehen und das Blut sorgfältig abwaschen. In dem Sud 10 Minuten gar ziehen lassen.

Das Öl mit den zwei Essigsorten gut verrühren, mit Salz und Pfeffer abschmecken. Schnittlauch und die gewaschenen und feingeschnittenen Schalotten zugeben. Tomate enthäuten, entkernen und in feine Würfel schneiden. Mit der Vinaigrette vermischen.

Fertigstellung:

Die Zunge und das Hirn in ca. 1 cm dicke Scheiben schneiden und auf leicht angewärmten Tellern im Wechsel kreisförmig anrichten. Mit Kresseblättern und Radieschenstiften garnieren. Mit der Vinaigrette überziehen.

Ich empfehle als Beilage kleine neue Pellkartoffeln.

Tauben-Terrine mit Herbsttrompeten

Eine Terrine von 30 cm Länge ergibt ca. 20 Scheiben

Vorsicht beim Aufschneiden, damit die Scheiben nicht auseinanderfallen.
Am besten geht es mit einem elektrischen Messer

Zutaten:

Tauben-Terrine

4 Tauben à 450–550 g

Farce

350 g Keulenfleisch
von den 4 Tauben
(ohne Sehnen und Haut)
150 g Schweinesattel
350 g Flomen oder grüner Speck
14 g Salz
7 g Pökelsalz
10 cl Portwein
1 Ei
Pfeffer aus der Mühle
100 g Gänseleberabfälle
Muskatblüte, gemahlen
1 cl Armagnac

5 cl Madeira
8 cl Portwein
4 cl Crème double
0,2 l reduzierter Geflügelfond
4 cl Kalbsblut (wenn erhältlich)

Einlage

100 g Herbsttrompeten
15 g Butter
1 Schalotte
Salz, Pfeffer
200 g Gänseleber-Parfait
8 Taubenbrüstchen
10 Scheiben grüner Speck,
dünn geschnitten

Zubereitung:

Die Tauben ausnehmen, abflämmen und die Brüste
von den Karkassen schneiden. Die Keulen abtrennen
und das Fleisch von den Knochen lösen,
von Sehnen und Haut befreien.

Taubenkeulen, Schweinefleisch und Speck in
grobe Würfel schneiden. Mit Salz, Portwein, Ei, Pfeffer,
Gänseleberabfällen, Muskatblüte und Armagnac
einen Tag marinieren. Speck oder Flomen aus der Marinade
nehmen, auf einem Tuch gut abtropfen lassen
und zweimal durch die feine Scheibe des Fleischwolfes
drehen. Kühl stellen.
Anschließend das Fleisch aus der Marinade nehmen
und den Arbeitsvorgang wie beim Speck wiederholen.
Gänseleberabfälle unter die Fleischmasse mengen.

Den Madeira mit dem Portwein auf die Hälfte reduzieren
und erkalten lassen. Die Speckmasse im Blitzhacker
(bzw. Universalzerkleinerer) cuttern und wieder
kühl stellen. Die Fleischmasse ebenfalls in den Blitzhacker
geben und die gut gekühlte Crème double sowie
Geflügelfond, Südwein-Reduktion und das Blut eincuttern.
Anschließend die Speckmasse mit der Farce vermischen
und nochmals kurz durchcuttern. Kühl stellen.

Die Trompetenpilze waschen, gut abtrocknen,
mit der Butter und der feingeschnittenen, gewaschenen
Schalotte in einer Pfanne kurz ansautieren. Mit Salz
und Pfeffer abschmecken.
Gänseleber-Parfait in Stücke brechen.
Die Taubenbrüstchen leicht salzen.

Fertigstellung:

Die Terrine mit Speck auslegen, so daß die Enden
überhängen.
Der Farce die Trompetenpilze und das Gänseleber-Parfait
beimengen. Den Boden der Terrine damit bestreichen
und vier der Taubenbrüstchen einlegen.
Wieder mit Farce bestreichen, mit den restlichen Brüsten
belegen und mit der verbleibenden Farce bedecken.
Die Speckenden über die Terrine klappen
und diese in einem Wasserbad bei ca. 90°C im Ofen
1½ Stunden garen. Die Terrine mit dem Wasserbad
aus dem Ofen nehmen und weitere 30 Minuten im Wasser
ruhen lassen. Die noch lauwarme Terrine mit einem
passenden Brett bedecken und mit einem Gegenstand
beschweren.

Bemerkung:

Die Terrine sollte 1–2 Tage im Kühlschrank durchziehen,
bevor sie serviert wird.

Sie können selbstverständlich auf der gleichen Basis
auch mit anderen Fleisch- oder Geflügelsorten Terrinen
zubereiten.

Lachs-Terrine mit Tomaten und Gartengurken

Eine Terrine von 24 cm Länge ergibt ca. 15 Scheiben

Eine praktische Vorspeise, weil man sie schon Stunden vorher fertigstellen kann und sie nur noch rasch anrichten muß, wenn sich die Gäste zu Tisch setzen

Zutaten:

Kräuterextrakt

300 g Spinat
200 g Petersilie
50 g Kerbel
1 Bund Schnittlauch
2 Estragonzweige
4 Basilikumblätter
Salz

Farce

500 g Hechtfleisch
Salz, Pfeffer
2–3 ganze Eier
½ l Crème double
Kräuterextrakt (siehe oben)
Muskatnuß
4 EL Noilly Prat
4–5 EL geschlagene Sahne

Lachs

300 g Lachs, Salz
5 Scheiben grüner Speck

Garnitur (für 4 Personen)

1 kleine Salatgurke
2 mittelgroße Tomaten
2 EL Crème double
1 Zweig Dill
Salz
etwas Zitronensaft

Zubereitung:

Den Spinat und die Kräuter gründlich waschen, vermischen und im Mixer (eventuell in zwei Arbeitsgängen) mit etwas Wasser pürieren. Das Püree durch ein Spitzsieb passieren und die gewonnene Flüssigkeit mit etwas Salz aufkochen. Dabei setzen sich die Kräuterbestandteile an der Oberfläche ab. Diese mit dem Schaumlöffel abschöpfen und auf einem Tuch abtropfen lassen.

Alle Zutaten für die Farce sollten vor der Verarbeitung gut gekühlt sein.
Das Hechtfleisch mit Salz und Pfeffer würzen, durch die feine Scheibe des Fleischwolfes drehen. Anschließend im Blitzhacker (bzw. Universalzerkleinerer) cuttern und dabei die Eier zugeben. Nach und nach die Crème double einarbeiten.

Die Hechtmasse in einer Metallschüssel auf Eis setzen und die gut ausgedrückte Kräutermasse untermischen. Alles durch ein Haarsieb passieren, mit Salz, Pfeffer und Muskatnuß würzen. Den Noilly Prat auf die Hälfte einkochen und völlig erkalten lassen. Mit der Farce vermischen. Die geschlagene Sahne unterziehen.

Den Lachs quer in ca. 2 cm dicke und 5 cm breite Scheiben schneiden, leicht salzen.

Die Gurke schälen, halbieren und das Kerngehäuse entfernen. Das Gurkenfleisch in streichholzdicke Stäbchen schneiden. Leicht salzen. Die Tomaten enthäuten, entkernen und in feine Streifen schneiden. Crème double mit Dill, Salz und eventuell Zitronensaft würzen, die Tomaten- und Gurkenstifte damit anmachen.

Fortsetzung Seite 32

Fertigstellung:

Die Terrine mit Speckscheiben auslegen und mit der Farce eine Schicht ausstreichen. Die Hälfte der Lachsstreifen einlegen. Den Vorgang wiederholen und die Terrine mit der restlichen Farce bedecken. Die überhängenden Speckscheiben darüberschlagen und damit die Terrine verschließen. Im Wasserbad bei 110°C 90 Minuten pochieren. Abkühlen und dann einige Stunden im Kühlschrank fest werden lassen.
Vor dem Servieren stürzen, den Speck entfernen, die Terrine in ca. 15 mm dicke Scheiben schneiden. Jeweils eine Scheibe mit dem Tomaten-Gurken-Salat anrichten.

Bemerkung:

Die Terrine sollte am Tag der Zubereitung serviert werden.

Wachtelbrüstchen auf Feldsalat mit Kartoffeln und weißen Trüffeln für 4 Personen

Der Preis, den Sie für weiße Trüffel bezahlen, ist nur gerechtfertigt, wenn die Trüffel wirklich frisch sind, d. h. stark riechen, denn das Aroma liegt mehr im Geruch als im Geschmack.
Das volle, köstliche Aroma der Trüffel kommt nur zur Geltung, wenn sie hauchdünn aufgeschnitten werden. Besorgen Sie sich deshalb unbedingt einen speziellen Trüffelhobel

Zutaten:

Vinaigrette für den Feldsalat

½ TL Sherry-Essig
½ TL Weißweinessig
½ TL weißer Estragonessig
½ TL roter Estragonessig
2 EL Olivenöl
Salz, Pfeffer

Kartoffeln und Marinade

4 Salatkartoffeln
1 Eigelb
½ TL Senf mit grünem Pfeffer
3 EL Sherry-Essig
2 EL Weißwein, trocken
2 EL Fleischbrühe
⅛ l Öl

Feldsalat

80–100 g Feldsalat
40 g Friséesalat

Wachtelbrüstchen

4 Wachteln
Salz, Pfeffer
Öl zum Braten

Garnitur

30–40 g weiße Trüffel

Zubereitung:

Die angegebenen Zutaten zusammen gut verrühren.

Die Kartoffeln in der Schale kochen, schälen und in dünne Scheiben schneiden.
Aus den übrigen Zutaten eine Marinade herstellen, einen tiefen Teller damit bedecken, die warmen Kartoffelscheiben hineingeben und die restliche Sauce darüber verteilen.
Die Kartoffeln an einem warmen Ort ziehen lassen.
Die Marinade sollte einen stark säuerlichen Geschmack haben, damit die Kartoffeln später kräftig und herzhaft schmecken.

Feld- und Friséesalat putzen, waschen und sorgfältig trocknen.

Die Wachteln mit Salz und Pfeffer würzen.
Etwas Öl in einer Pfanne erhitzen und die Wachteln hineingeben, im vorgeheizten Ofen bei 250°C 6 Minuten braten. Herausnehmen und 5 Minuten ruhen lassen.

Die Trüffel unter fließendem Wasser gründlich bürsten.

Fertigstellung:

Feld- und Friséesalat mit der Vinaigrette anmachen, auf vorgewärmte Teller verteilen und die marinierten Kartoffelscheiben darauf anrichten.
Die Wachtelbrüstchen auslösen, in dünne Scheiben schneiden und auf dem Salat anrichten. Die weißen Trüffel darüberhobeln.

Räucherlachs-Parfait mit Feldsalat und Wachteleiern

für 15 Personen

Eine ideale Möglichkeit, den Rest einer Lachsseite zu verwenden

Zutaten:

Parfait

500 g Räucherlachs
0,1 l Noilly Prat
0,3 l Weißwein
½ l Fond blanc
0,8 l Crème double
Salz, Pfeffer
Zitronensaft
7 Blatt Gelatine
1 EL Dill, fein geschnitten
½ l Schlagsahne

Garnitur (pro Person)

25 g Feldsalat
2 Wachteleier
Essigwasser
1 EL Vinaigrette

Zubereitung:

Beim Lachs die vom Räuchern ausgetrocknete Außenschicht und die Haut wegschneiden. Falls Gräten vorhanden sind, mit einer Pinzette herausziehen. Diese Abfälle in einem Topf erhitzen, mit Noilly Prat und Weißwein ablöschen. Kurz ankochen und mit dem Fond blanc aufgießen. Auf ein Fünftel reduzieren, mit Crème double auffüllen und weitere 10 Minuten leicht kochen lassen. Mit Salz, Pfeffer und Zitronensaft abschmecken, die in kaltem Wasser eingeweichte Gelatine zugeben, gut durchrühren und abpassieren. Die Hälfte des Räucherlachses in grobe Würfel schneiden und mit der heißen Sauce im Mixer pürieren. Den restlichen Lachs sehr fein würfeln und mit dem Dill zugeben. Die Masse auf ca. 30°C abkühlen lassen und die halbsteif geschlagene Sahne unterheben.

Eine Kastenform (von 35 cm Länge) mit Frischhaltefolie auslegen und die Parfait-Masse einfüllen. Mindestens 4 Stunden kühl stellen.

Den Feldsalat waschen und putzen. Die Wachteleier in leichtem Essigwasser unterhalb des Siedepunktes pochieren.

Fertigstellung:

Die Kastenform stürzen, die Folie entfernen und das Parfait in Scheiben schneiden.

Den Salat mit der Vinaigrette anmachen.

Je eine Scheibe Parfait auf Tellern anrichten, mit Feldsalat und Wachteleiern garnieren.

Putenleber auf Linsensalat

für 4 Personen

Die Putenleber soll groß und ganz frisch sein, damit sie beim Braten nicht porös wird

Zutaten:

Linsensalat

100 g Salatlinsen
60 g Speck
50 g Feldsalat
50 g Friséesalat
50 g Roquetsalat
(oder andere Salate)

Vinaigrette

1 EL Nußöl
1 TL Balsamico-Essig
1 TL Sherry-Essig
1 Schalotte, fein geschnitten
1 EL Petersilie, gehackt
Salz, Pfeffer

Putenleber

400 g Putenleber
(möglichst groß)
Butter zum Braten
Salz, Pfeffer

Zubereitung:

Die Linsen eine Stunde in lauwarmem Wasser einweichen und 5 Minuten in frischem Salzwasser kochen. Auf einem Sieb abtropfen lassen. Den Speck in feine Streifen schneiden und in einer Pfanne knusprig braten. Auf einem Tuch das überschüssige Fett abtropfen lassen. Die Salate putzen, waschen und trocken schleudern.

Das Öl mit den beiden Essigsorten gut durchschlagen. Die feingewürfelte und gewaschene Schalotte mit der feingehackten Petersilie zugeben, mit Salz und Pfeffer abschmecken.

Die beiden Leberhälften auseinanderschneiden, von Sehnen und eventuellen Gallenresten befreien. In 5 mm dünne, möglichst große Scheiben schneiden.

Fertigstellung:

Die grünen Salate mit Vinaigrette anmachen. Auf Tellern anrichten. Die Linsen mit dem Speck und der restlichen Vinaigrette in einer Sauteuse etwas erwärmen und locker über die Salate streuen. Die Leberscheiben in heißer Butter rosa braten. Mit Salz und Pfeffer würzen, auf den Salaten anrichten.

Bemerkung:

Nur frische Linsen sind in der angegebenen Zeit auch wirklich weich. Je älter sie sind, desto länger muß man sie einweichen und kochen – das muß probiert werden!

Kartoffel-Crêpes mit Kaviar, Lachs und Wachteleiern

für 4 Personen

Nehmen Sie für die Kartoffel-Crêpes eine mehlige Kartoffelsorte, z. B. Bintje, Grata oder Irmgard, und verwenden Sie einen milden Kaviar

Zutaten:

Crêpes
500 g Kartoffeln
1 Ei
Salz, Pfeffer
Muskatnuß
eventuell 1 EL Schlagsahne

Wachteleier
12 Wachteleier

Sauce
100 g Crème fraîche, ganz frisch
Milch
Salz
Zitronensaft
Dillzweige

Garnitur
160 g Räucherlachs,
in dünnen Scheiben
100 g Kaviar

Zubereitung:

Die Kartoffeln schälen, kochen und grob zerkleinert im Ofen ausdampfen lassen. Durch eine Kartoffelpresse drücken. Das Ei untermischen, mit Salz, Pfeffer und Muskat würzen. Sollte die Masse noch zu fest sein, ziehen Sie einen Eßlöffel geschlagene Sahne unter.

Die Eier in Salzwasser 2,5 Minuten kochen, abschrecken und vorsichtig schälen.

Die Crème fraîche mit dem Schneebesen glattrühren, eventuell mit etwas Milch verdünnen, mit Salz und Zitronensaft abschmecken.

Von den Spitzen der Dillzweige kleine Sträußchen zupfen.

Fertigstellung:

Mehrere eßlöffelgroße Portionen der Crêpe-Masse in eine heiße Eisen- oder Teflonpfanne geben und mit (nassem) Löffel flach drücken, so daß kleine Küchlein von 5 mm Höhe entstehen. Die eine Seite auf der Herdplatte Farbe nehmen lassen. Dann im heißen Ofen 2–3 Minuten weitergaren. Die Küchlein wenden und, wieder auf dem Herd, auch die andere Seite goldbraun braten.
Die heißen Crêpes auf angewärmte Teller geben, den Lachs kreisförmig um die Crêpes anrichten. Die Wachteleier dazwischen legen und mit der angemachten Crème fraîche nappieren. Mit den Dillsträußchen garnieren und den Kaviar in der Mitte der Crêpes anrichten.

Tomaten-Mousse mit Seeteufel-Medaillons

für 4 Personen

Sollten Sie vor allem im Sommer versuchen mit vollreifen, aromatischen Freiland-Tomaten

Zutaten:

Mousse

500 g Tomaten,
vollreif und aromatisch
50 g Butter
Salz
Estragonessig
Zucker
4 Blatt Gelatine
1 EL Schlagsahne

Seeteufel-Medaillons

1 Seeteufelfilet von ca. 400 g
Salz
1 TL Weißwein

Garnitur

4 Wachteleier
½ Bund Gartenkresse

Zubereitung:

Die Tomaten halbieren und mit der Butter so lange verkochen, bis eine dickbreiige Sauce entstanden ist. Durch ein Haarsieb streichen, so daß Häute und Kerne zurückbleiben. Mit Salz, Estragonessig und eventuell Zucker abschmecken, im Mixer kurz aufschlagen.
Die Gelatine in kaltem Wasser einweichen und in der noch warmen Mousse auflösen. Abkühlen lassen, bis die Gelatine angezogen hat, mit dem Schneebesen kräftig durchschlagen und die geschlagene Sahne unterziehen.

Das Filet in 1 cm dicke Medaillons schneiden, salzen, mit 1 EL Wasser und dem Weißwein in einer Sauteuse im Ofen pochieren.

Die Wachteleier hart kochen und schälen.

Fertigstellung:

Die Mousse nochmals gut durchschlagen, mit einem nassen Eßlöffel je eine Nocke abstechen und auf die Teller geben. Die Seeteufel-Medaillons lauwarm daneben anrichten, mit den Wachteleiern und der Kresse garnieren.

Steinpilze und Kalbsbries auf Feldsalat

für 4 Personen

Die Steinpilze sollten möglichst klein und makellos sein, die hellbraunen Hüte müssen trocken und seidig schimmern, auf keinen Fall feucht glänzen oder gar schmierig wirken

Zutaten:

250 g Kalbsbries
Salz
etwas Mehl
40 g Butter
Pfeffer
200 g Steinpilze
etwas Öl
50 g Feldsalat
30 g Friséesalat

Vinaigrette

½ TL Sherry-Essig
½ TL Weißweinessig
½ TL weißer Estragonessig
½ TL roter Estragonessig
3 EL Olivenöl
Salz, Pfeffer

Croûtons

20 g Butter
8 Scheiben Baguette (ca. 1 cm dick)
1 Knoblauchzehe

Zubereitung:

Das Kalbsbries wässern, enthäuten und auf einem Tuch gut trocken tupfen. Salzen und leicht mehlen. Die Butter erhitzen und das Kalbsbries darin goldbraun braten. Mit Pfeffer würzen.

Die Steinpilze putzen und in ca. 5 mm dicke Scheiben schneiden. In wenig Öl von beiden Seiten rasch braun braten. Salzen und auf einem Tuch das überschüssige Fett abtupfen.

Feld- und Friséesalat putzen und waschen.

Die Zutaten kräftig miteinander verrühren.

Die Butter in einer Pfanne erhitzen und die Brotscheiben darin goldgelb braten. Die Knoblauchzehe schälen und die Croûtons damit leicht einreiben.

Fertigstellung:

Die Salate mit der Vinaigrette anmachen und auf Tellern anrichten. Die Steinpilze und das Kalbsbries darauf verteilen und die Croûtons dazu servieren.

Bemerkung:

Das Kalbsbries etwa eine Stunde lang wässern, bis es schön weiß geworden ist; dabei das Wasser immer wieder erneuern. Kaufen Sie nur schönes helles Bries, rötliches Bries sollten Sie nicht verwenden.

Hummer-Mousse

für 15–20 Portionen

Was Sie teuer mitbezahlen, wenn Sie Hummer kaufen, nämlich die Schale –
immerhin etwa zwei Drittel des Gewichtes –, sollten Sie nicht wegwerfen. Hier ein Rezept,
in dem Sie solchen „Abfall" elegant verwerten können.
Bereiten Sie die Mousse am Vortag zu, damit sie ihren vollen Geschmack entwickeln kann

Zutaten:

Hummer-Reduktion

Schalen von 4 Hummer
260 g Butter
0,2 l Fischfond
2 Knoblauchzehen
Salz
1 Stück Staudensellerie
1 Karotte
2 Schalotten
8 cl Cognac
0,15 l Portwein
8 cl Weißwein
6 cl Noilly Prat
4 EL Tomatenmark
1,5 l Fischfond

Hummer-Bisque

0,15 l Schlagsahne
Salz

Grund-Mousse

200 g Steinbutt- oder
Zanderfilet
1 Ei
200 g Crème double
Salz, Pfeffer
Cognac
5 Scheiben grüner Speck

Zubereitung:

Von den Hummerschalen die Schwanzflossen und Bauchfühler wegschneiden. Die Schalen sorgfältig waschen und zerkleinern. In einem hohen Topf (ca. 30 cm ⌀) die Butter mit 0,2 l Fischfond verkochen, die Hummerschalen mit den ungeschälten Knoblauchzehen zugeben. Leicht salzen und ca. 15 Minuten köcheln lassen. Die geputzten, grob gewürfelten Gemüse zugeben und 5 Minuten mitdünsten. Mit dem Cognac ablöschen, diesen fast verdampfen lassen, mit Portwein, Weißwein und Noilly Prat auffüllen und das Tomatenmark zugeben. Alles 1–2 Minuten kräftig kochen lassen, dann mit 1,5 l Fischfond aufgießen und auf ein Drittel der Flüssigkeit reduzieren. Aus dem Topf 0,35 l der Reduktion abpassieren und bis zur späteren Weiterverarbeitung kühl stellen.

Zu der im Topf mit den Schalen verbliebenen Reduktion die Sahne geben und 30 Minuten köcheln lassen. Wenn nötig, mit Salz abschmecken und ebenfalls abpassieren.

Den gut gekühlten Fisch in grobe Würfel schneiden, salzen und 1 TL Wasser untermischen. Im Blitzhacker fein cuttern. Dann nacheinander das Ei, die kalte Crème double und die gut gekühlten 0,35 l Hummer-Reduktion einarbeiten. Mit Salz, Pfeffer und Cognac abschmecken. Eine kleine Terrine mit dem grünen Speck auslegen, die Farce einfüllen und im Wasserbad im Ofen bei ca. 220°C 45–55 Minuten pochieren. Anschließend abkühlen lassen und den Speck entfernen.

Fortsetzung Seite 42

Hummer-Mousse

7 Blatt Gelatine
3 EL flüssige Sahne
350 g geschlagene Sahne

Fertigstellung:

Die Grund-Mousse mit der Bisque im Mixer ca. 5 Minuten stark aufschlagen. Die Gelatine in kaltem Wasser einweichen, ausdrücken, in etwas heißer Sahne auflösen und zugeben. Die gesamte Masse auf ca. 20°C abkühlen lassen. Die geschlagene Sahne unterziehen und endgültig abschmecken. Für mindestens 4 Stunden kühl stellen. Einen Löffel in heißes Wasser tauchen und damit kleine Kegel aus der Mousse stechen.

Bemerkung:

Ich empfehle dazu als Beilagen leicht marinierten grünen Spargel, eventuell kleine Hummer-Medaillons und etwas Fischgelee.

Blumenkohlsalat mit Krebsen

für 4 Personen

Den Blumenkohl unbedingt frisch kochen und noch warm anmachen, sonst schmeckt er leicht streng

Zutaten:

Dressing

1 Eigelb
½ TL Senf
Salz, Pfeffer
2 EL Sherry-Essig
1 EL Weißweinessig
0,15 l Öl
1 EL Consommé

Krebse

20 Krebse
Salz

Blumenkohlsalat

200 g Blumenkohl, geputzt
Salz
1 Tomate
Kerbel

Zubereitung:

In einer Metallschüssel das Eigelb mit Senf, etwas Salz, Pfeffer und den beiden Essigsorten verrühren und langsam das Öl (tropfenweise) zugeben. Kräftig mit dem Schneebesen aufschlagen, bis eine Bindung entsteht. Die Consommé zugeben und noch einmal mit Salz und Pfeffer abschmecken.

Die Krebse in kochendes Salzwasser geben und darin 3–4 Minuten garen. Schwanz und Scheren ausbrechen und den Darm entfernen.

Den Blumenkohl in kleine Röschen teilen und in Salzwasser nicht zu weich kochen.

Die Tomate enthäuten, entkernen und in kleine Würfel schneiden. Die Kerbelblättchen von den Stengeln zupfen.

Fertigstellung:

Die warmen Blumenkohlröschen mit dem Dressing mischen und ca. 5 Minuten darin ziehen lassen. Die Krebse unterheben und auf Tellern anrichten. Mit Tomatenwürfeln und Kerbel garnieren.

Mariniertes Rinderfilet auf Salat von Lauch und Pfifferlingen

für 4 Personen

Nehmen Sie dazu ganz frisches Filet, da die Farbe dann wesentlich röter ist als bei abgehangenem

Zutaten:

Lauch

160 g Lauch, nur das Weiße
½ Zitrone, Saft
Salz

Vinaigrette

½ TL Sherry-Essig
½ TL Weißweinessig
½ TL weißer Estragonessig
½ TL roter Estragonessig
3 EL Olivenöl
Salz, Pfeffer

Rinderfilet

120 g Rinderfilet

Marinade

2 EL Olivenöl
Zitronensaft
Salz, Pfeffer

Garnitur

60 g Pfifferlinge
etwas Friséesalat und Eichblattsalat

Zubereitung:

Den geputzten Lauch in kochendem Wasser mit dem Zitronensaft und etwas Salz kochen. Die Vinaigrette-Zutaten miteinander verrühren. Den Lauch gut abtropfen lassen und in der Vinaigrette marinieren.

Das fettfreie Rinderfilet in dünne Scheiben schneiden und zwischen zwei Plastikfolien hauchdünn klopfen. Das Olivenöl auf einem Teller mit einigen Tropfen Zitronensaft, wenig Salz und Pfeffer würzen. Die Filetscheiben durch diese Marinade ziehen.

Die geputzten Pfifferlinge in wenig Wasser und Salz kurz andämpfen.

Fertigstellung:

Den unmarinierten Salat mit dem Lauch auf Tellern anrichten. Die Rinderfiletscheiben darauflegen und mit den Pfifferlingen garnieren.

Feldsalat mit Kartoffel-Dressing und frisch geräucherten Rotbarbenfilets nach Manfred Schwarz

für 4 Personen

Die Rotbarben zu filieren, bedarf einiger Übung. Wichtig ist dabei, daß Sie aus der Innenseite der Filets möglichst alle Gräten entfernen. Fahren Sie mit den Fingerspitzen vorsichtig gegen den Strich und ziehen Sie alle Gräten, die Sie dabei spüren, mit einer Pinzette heraus. Die Filets werden nicht gehäutet, nur geschuppt!

Zutaten:

Feldsalat

100 g Feldsalat

Dressing

150 g Kartoffeln, mehlig, geschält
0,15 l Brühe oder Consommé
4 EL Sherry-Essig
4 EL Olivenöl
1 kleine Schalotte
Salz
Pfeffer aus der Mühle

Rotbarbenfilets

4 Rotbarben à 150 g, filetiert
Salz
½ Zitrone, Saft
2 EL Räuchermehl

Croûtons

20 g Butter
8 Scheiben Baguette (ca. 5 mm dick)

Garnitur

4 Champignonköpfe

Zubereitung:

Den Feldsalat putzen, waschen und trocken schleudern.

Die Kartoffeln kochen und durch eine Kartoffelpresse drücken. Erst die Brühe, dann Essig und Öl gut unterrühren. Die feingeschnittene Schalotte zugeben, mit Salz und Pfeffer abschmecken.

Zum Räuchern benötigen Sie einen speziellen Räucherofen, der in Geschäften für Anglerzubehör erhältlich ist. Es lohnt sich, eine solche Räucherkammer zu kaufen. Sie ist einfach auf die Herdplatte zu setzen und für alle Arten von Fisch und Fleisch zu verwenden.
Die Rotbarbenfilets salzen und mit Zitronensaft beträufeln. Das Räuchermehl dünn auf den Boden der Räucherkammer streuen. Die Rotbarbenfilets auf das dazugehörige Gitter legen und in die Räucherkammer einsetzen. Den Deckel schließen und die Kammer auf die sehr heiße Herdplatte setzen, bis es raucht. Dann wird die Kammer auf dem Herd auf den Untersatz gesetzt. Insgesamt beträgt die Räucherzeit ca. 6–8 Minuten.

Die Butter in der Pfanne erhitzen und die Weißbrotscheiben darin goldgelb braten.

Die Champignonköpfe putzen und in feine Stifte schneiden.

Fertigstellung:

Den Feldsalat bündelweise an den Stengeln fassen und die Blätter durch das Dressing ziehen. Danach etwas abschütteln.

Den so angemachten Salat locker auf große, flache Teller verteilen. Die lauwarmen Rotbarbenfilets darauf anrichten, die Champignonstifte über den Salat streuen. Die Croûtons dazu servieren.

Langusten-Medaillons mit Melone in Langustensauce

für 4 Personen

Ganz wichtig ist hier, daß Sie vollreife Melonen verwenden. Am besten eignen sich die hocharomatischen kleinen Melonen aus der Gegend von Cavaillon in Südfrankreich. Ob die Früchte reif sind, können Sie riechen: sie duften betörend, geradezu aufdringlich stark

Zutaten:

Langusten-Medaillons

2 Langusten à 400 g

Sud

1 Stück Karotte
1 Stück Staudensellerie
1 Stück Lauch
5 Pfefferkörner
Salz

Langustensauce

100 g Butter
0,2 l Fischfond
Schalen der Langusten
1 Knoblauchzehe
Salz
20 g Lauch
20 g Karotte
10 g Staudensellerie
1 Tomate
2 Schalotten
2 cl Cognac
5 cl Portwein, rot
3 cl Weißwein, trocken
2 cl Noilly Prat
1 EL Tomatenmark
½ l Fischfond
½ l Sahne

Melonen

3 mittelgroße Cavaillon-Melonen, gut gereift

Zubereitung:

Die Gemüse für den Sud waschen und putzen. Mit den Pfefferkörnern und Salz in reichlich Wasser zum Kochen bringen. Die Langusten darin ca. 8 Minuten kochen und weitere 5 Minuten bei reduzierter Hitze ziehen lassen. Die Langusten herausnehmen, erkalten lassen und aus ihrem Panzer brechen. Das Fleisch auf einem Teller mit einem feuchten Tuch abdecken und zur Seite stellen. Die Langustenschalen waschen und grob zerkleinern.

In einem Topf die Butter mit den 0,2 l Fischfond verkochen und im Mixer aufschlagen.
In den Topf zurückgießen, die Langustenschalen mit der Knoblauchzehe zugeben, leicht salzen und 10 Minuten köcheln lassen.
In der Zwischenzeit das Gemüse waschen, putzen und in grobe Würfel schneiden. Die Tomate enthäuten, entkernen und ebenfalls würfeln. Gemüse, Tomate und die geschälten Schalotten zu den Langustenschalen geben. Nochmals 10 Minuten köcheln lassen, so daß die Schalen insgesamt 25 Minuten ausgekocht wurden. In dieser Zeit darf sich die Butter nicht klären, also oben absetzen. Sollte dies dennoch passieren, geben Sie etwas Wasser zu.
Mit Cognac ablöschen und die Alkoholika zugeben. Das Tomatenmark unterrühren und weitere 3–4 Minuten köcheln lassen. Mit ½ l Fischfond aufgießen und so lange kochen lassen, bis die Sauce beginnt, dicklich zu werden. Nun mit der Sahne auffüllen und weitere 15 Minuten leise ziehen, nicht kochen lassen.
Die Sauce abpassieren, erkalten lassen, jedoch nicht in den Kühlschrank stellen, weil sich sonst die Butter von der Flüssigkeit trennt. In kaltem Zustand nochmals im Mixer aufschlagen.

Melonen halbieren, entkernen und mit einem Ausstecher Kugeln ausstechen. Das restliche Melonenfleisch auslösen und durch ein Haarsieb passieren.
Dieser Saft wird zur Fertigstellung der Sauce verwendet. Die Melonenkugeln auf Eis stellen.

Fortsetzung Seite 49

Fertigstellung:

Langustenfleisch in 5 mm dicke Scheiben schneiden.
⅛ l des Melonensaftes mit dem Schneebesen unter die Sauce schlagen.
Die Sauce (pro Teller 5 EL) in vorgekühlte Teller geben, das Langustenfleisch darauf anrichten. Die eisgekühlten Melonenkugeln hübsch darüber verteilen.

Hummer im eigenen Gelee

für 4–6 Personen

Das Gelee sollte nur etwa eine Stunde lang im Kühlschrank fest werden, dann hat es die richtige Konsistenz

Zutaten:

Hummer

2 Hummer à 400–600 g
Salz

Fond

250 g Butter
0,3 l Fischfond
1 Stück Staudensellerie
1 Stück Lauch
1 Karotte
2 Schalotten
1 Knoblauchzehe, ungeschält
2 cl Portwein
0,4 l Champagner
0,4 l weißer Burgunder
½ l Fischfond
1 Tomate
20 g Butter

Klärsatz

1 Stück Staudensellerie
1 Stück Lauch
1 Karotte
1 Stück Sternanis
4 Eiweiß

Gelee

3 Blatt Gelatine
Salz

Zubereitung:

Die lebenden Hummer für 2 Minuten in einen großen Topf mit sprudelnd kochendem Salzwasser geben, herausnehmen und die Schwanzteile vom Körper brechen. Die Hummerschwänze weitere 10 Minuten in leise kochendem Salzwasser garen.

Die Körperpanzer mit einem großen Messer der Länge nach halbieren und die Mägen entfernen. Die Schalen und Scheren mit allen übrigen Innereien und dem aufgefangenen Saft in einem großen, flachen Topf mit 250 g Butter und 0,3 l Fischfond 10 Minuten köcheln lassen. Das geputzte und grob gewürfelte Wurzelgemüse, die Schalotten und die ungeschälte Knoblauchzehe zugeben. Weitere 15 Minuten kochen lassen. Die Hummerscheren herausnehmen, das Scherenfleisch ausbrechen und zur Seite stellen. Die Schalen in den Topf zurückgeben. Mit Portwein, Champagner und Wein aufgießen und um ein Drittel einkochen.
Mit ½ l Fischfond auffüllen. Die Tomate vierteln, mit 20 g Butter verkochen und zum Fond geben. Weitere 10 Minuten kochen. Durch ein Haarsieb abpassieren. Den Fond in einem Topf auf Eis stellen.
Nach dem Erkalten wird die erstarrte Butter von der Oberfläche abgehoben. Sie kann als erstklassige Hummerbutter anderweitig verwendet werden (z. B. für eine Hummersuppe).

Das Wurzelgemüse putzen und grob würfeln. Der kalte Fond wird mit dem Wurzelgemüse, Sternanis und Eiweiß gut verrührt und dann zum Kochen gebracht.
Den Topf vom Herd nehmen und 5 Minuten ruhen lassen. Dadurch wird der Fond klar und kann abpassiert werden.

Die Gelatine in kaltem Wasser einweichen, gut ausdrücken und in dem heißen Fond auflösen. Mit Salz abschmecken und zum Gelieren in den Kühlschrank stellen.

Fortsetzung Seite 52

Garnitur

1 Stück Lauch
1 Karotte
1 Stück Staudensellerie
Hummereier, wenn vorhanden
4–6 EL Crème double
1 EL Kaviar
Kerbel

Das Wurzelgemüse putzen und in feine Julienne schneiden. Die Gemüse-Julienne, jede Sorte für sich, in Salzwasser garen. Falls vorhanden, von den Hummerschwänzen die Eier ablösen und zur Garnitur verwenden. Das Schwanzfleisch aus den Schalen brechen und in Medaillons schneiden.

Fertigstellung:

Die Hummer-Medaillons kreisförmig auf großen, kalten Tellern anrichten und mit dem dickflüssigen Gelee bedecken.

Die Crème double mit etwas Salz steif schlagen und den Kaviar unterziehen. Jeweils eine Nocke davon in der Mitte des Tellers auf dem Gelee anrichten und mit Gemüse-Julienne, Kerbel und gegebenenfalls mit Hummereiern garnieren.

Terrine von Waldpilzen in Gelee mit Rehfilet

Für eine Terrinenform von 30 x 7 x 8 cm, ergibt ca. 18–20 Scheiben. Die Terrine in Scheiben zu schneiden, ist nicht ganz einfach, weil das Gelee recht empfindlich ist und leicht auseinanderfällt. Am besten läßt es sich mit einem elektrischen Messer schneiden

Zutaten:

Petersilienpüree

200 g krause Petersilie
40 g glatte Petersilie
50 g Spinat, ohne Stiele
1 Schalotte
20 g Butter
½ l Crème double
Salz, Pfeffer
2 EL geschlagene Sahne

Terrine

650 g geputzte Waldpilze
Salz
4–6 Blatt Gelatine
1 EL gehackter Kerbel
1 EL Petersilie, gehackt
Pfeffer *Madeira, Port, weiss, Rotweinessig; nur Salz + Pfeffer*
Große Spinatblätter zum Auslegen der Terrine

550 g Rehfilets, pariert
Olivenöl zum Anbraten
Hirschkalbsrücken

Vinaigrette

5 cl Essig *Rotweinessig*
0,15 l Olivenöl
Salz, Pfeffer

Zubereitung:

Die gezupfte Petersilie und den entstielten Spinat waschen, kurz blanchieren und sofort in Eiswasser abschrecken. Gut ausdrücken und hacken. Die feingeschnittene und gewaschene Schalotte in Butter andünsten, ohne sie Farbe nehmen zu lassen. Die Petersilie und den Spinat zugeben, mit Crème double aufgießen und zum Kochen bringen. Auf die Hälfte reduzieren und anschließend im Mixer pürieren. Mit Salz und Pfeffer abschmecken.

Schneiden
Die geputzten Pilze, falls nötig, mit einem feuchten Tuch *5)* abwischen, jedoch nicht waschen. In einem großen Topf mit 0,2 l leicht gesalzenem Wasser nicht zu weich dämpfen. Den Fond abpassieren und 0,4 l davon abnehmen. Die Gelatine in kaltem Wasser einweichen, ausdrücken und in 0,4 l heißem Fond auflösen. Kräftig mit Salz und Pfeffer abschmecken und die Pilze mit den gehackten Kräutern zugeben. *+ Portwein + Madeira + Rotweinessig*
Die Spinatblätter in Salzwasser weichkochen und auf einem Tuch gut trocken tupfen. Die einzelnen Blätter durch das noch flüssige Pilzgelee ziehen und die Terrinenform damit auskleiden. Ein Viertel der Blätter zurückbehalten, um die Terrine am Schluß zu bedecken. Die Form für ca. 10 Minuten in den Kühlschrank stellen, damit die Geleeschicht mit den Blättern erstarrt und an der Terrinenwand haftet.
Die Rehfilets würzen und in Olivenöl von allen Seiten anbraten. Sie sollten im Kern aber noch rosa sein. Das Fleisch zum Erkalten in den Kühlschrank stellen.
Fond zur fleischware geben, Fleisch schneiden!
+ Wacholder Lorbeer

Essig und Öl gut verrühren, mit Salz und Pfeffer würzen.

Preiselbeer-Senf-Sauce GT 1/88-92

Fortsetzung Seite 54

Fertigstellung:

Einen Teil der Pilze in dem noch flüssigen Gelee ca. 2 cm hoch in die Terrine füllen. Die Hälfte der Rehfilets darauflegen. Wieder eine Schicht Pilzgelee einfüllen und die restlichen Filets einschichten. Mit dem übrigen Pilzgelee abschließen und mit den verbliebenen Spinatblättern bedecken. Die Terrine zum Erstarren kühl stellen.

Die geschlagene Sahne unter das Petersilienpüree ziehen.

Die Terrine aus der Form stürzen und am besten mit einem elektrischen Messer in Scheiben schneiden. Je eine Scheibe auf Tellern anrichten, mit etwas Vinaigrette begießen und mit kleinen Nocken von Petersilienpüree (Rezept Seite 53) und etwas Salat garnieren.

Taubenbrüstchen auf Salat von Chicorée

für 4 Personen

Hier werden nur die Brüstchen der Tauben verwendet,
der Rest – die Keulchen und die Karkassen – kommt in den Suppentopf

Zutaten:

Chicorée
4 frische, knackige Chicorée

Sud
1,5 l Wasser
40 g Salz
6 cl Himbeeressig

Vinaigrette
4 cl Sherry-Essig
2 cl Himbeeressig
2 cl Nußöl
Salz

Tauben
2 Tauben
Salz
1 EL Olivenöl

Garnitur
1 Tomate
Kerbel
2 cl Taubenjus oder
brauner Geflügelfond

Zubereitung:

Die äußeren Blätter entfernen, die Stauden von der Spitze her auf 7 cm kürzen. Die Strunkenden werden nicht verwendet, weil sie bitter sind.

Das Wasser mit dem Salz und dem Himbeeressig zum Kochen bringen und die Chicoréeblätter ganz kurz darin blanchieren. Anschließend auf einem Tuch abtropfen lassen und trocknen.

Sämtliche Zutaten gut miteinander verrühren, die warmen Chicoréeblätter darin ca. eine Minute marinieren. Herausnehmen und gut abtropfen lassen.

Die Tauben ausnehmen, abflämmen und salzen. Im vorgeheizten Ofen bei 220°C im heißen Öl 10 Minuten braten. Herausnehmen und ruhen lassen, bis sie etwas abgekühlt sind. Die Brüste auslösen, enthäuten und das Fleisch längs in dünnste Scheiben schneiden.

Die Tomate enthäuten, entkernen und in kleine Würfel schneiden.
Den Kerbel in kleinen Sträußchen von den Stengeln zupfen.

Fertigstellung:

Die abgetropften Chicoréeblätter sternförmig auf großen Tellern anrichten. Mit Tomatenwürfeln und Kerbel garnieren. In der Mitte die lauwarmen Taubenbrustscheibchen anrichten und mit dem warmen Jus beträufeln.

Warme Vorgerichte

Schinkenkipferl

Die Menge ergibt etwa 20 Stück.

Sie schmecken am besten lauwarm zum Aperitif oder zu einem Glas Wein

Zutaten:

Füllung

40 g Schinken
40 g Champignons
20 g Schalotten
1 Eigelb
Salz, Pfeffer
1 TL Kapern
1 Sardelle
2 EL Semmelbrösel

450 g Blätterteig
1 Eigelb

Zubereitung:

Den Schinken in kleine Würfel, die Champignons feinblättrig schneiden, die Schalotten fein schneiden und waschen. Schinken, Champignons und Schalotten dünsten, bis keine Flüssigkeit mehr vorhanden ist. Die Pfanne vom Herd nehmen, das Eigelb zugeben, mit Salz, Pfeffer, den gehackten Kapern und der zerdrückten Sardelle würzen. Die frisch geriebenen Semmelbrösel gut untermischen. Die Masse erkalten lassen.

Den Blätterteig dünn ausrollen und in Dreiecke von 5 cm Seitenlänge schneiden. Mit der Füllung bestreichen, aufrollen und zum Hörnchen biegen. Mit dem Eigelb, das mit etwas Wasser verquirlt wurde, bestreichen.

Fertigstellung:

Die Hörnchen auf ein mit Backpapier belegtes Blech setzen und im vorgeheizten Ofen bei 220°C goldgelb backen.

Bemerkung:

Wenn Sie tiefgekühlten Blätterteig verwenden, die einzelnen Platten nebeneinander etwa 20 Minuten auftauen lassen, dann vier davon dünn mit Butter bestreichen. Die Platten wieder aufeinanderlegen, die unbestrichene Platte obenauf, und alle miteinander dünn ausrollen. So wird der Blätterteig schön blättrig und schmeckt angenehm nach Butter.

Blinis – Buchweizenpfannkuchen

Die Menge ergibt etwa 10 bis 12 Stück.

Lauwarm mit einem Klecks Kaviar oder hauchdünn aufgeschnittenem Lachs anrichten, dazu eine leichte Joghurt- oder saure Sahnesauce: eine Vorspeise, die wenig Arbeit macht

Zutaten:

15 g Hefe
¼ l Milch
200 g Buchweizenmehl
4 Eier
50 g Butter
Salz
3 cl Schlagsahne

Zubereitung:

Die Hefe zerbröseln und in etwas lauwarmer Milch auflösen. Mit einigen Löffel Mehl vermischen und in einem gut temperierten Raum 5 Minuten gehen lassen.
Das restliche Mehl, das Eigelb und die zerlassene Butter beimengen und salzen. Die Sahne schlagen, das Eiweiß zu Schnee schlagen und beides unter den Teig heben. Nochmals 10 Minuten gehen lassen.

Den Teig löffelweise dünn in eine Eisenpfanne geben, in den vorgeheizten Ofen stellen, aufgehen lassen und wenden. Nochmals in den Ofen stellen, um die andere Seite zu backen.

Fertigstellung:

Die Blinis auf Tellern anrichten und zum Beispiel mit saurer Sahne bedecken und mit Kaviar garnieren.

Froschschenkel, sautiert, auf Röstzwiebeln und Rotkappen

für 4–6 Personen

Froschschenkel gibt es bei uns leider nur selten frisch. Bei tiefgekühlten darauf achten, daß sie nicht zuviel Saft verlieren, deshalb langsam im Kühlschrank auftauen lassen

Zutaten:

Röstzwiebeln

600 g Zwiebeln
2 EL Milch
2 EL Mehl
Öl zum Ausbacken

Rotkappen

250 g kleine Rotkappen oder junge Steinpilze
Olivenöl
Salz, Pfeffer

Froschschenkel

32 Froschschenkelpärchen
Salz, Pfeffer
Mehl
4 EL Olivenöl
50 g Butter
1 EL gehackter Kerbel
1 EL gehackte Petersilie
1 Knoblauchzehe
2 EL guter Bratensaft
etwas Zitronensaft

Zubereitung:

Die geschälten Zwiebeln halbieren und in Streifen schneiden. Streifen gleicher Größe aussortieren. Nur diese verwenden, damit die Röstzwiebeln eine gleichmäßige Bräunung erreichen.
Die Zwiebelstreifen mit Milch beträufeln und mit Mehl bestäuben. Langsam in nicht zu heißem Öl schwimmend ausbacken.

Die Rotkappen putzen, in feine Blätter schneiden und in einer heißen Pfanne mit sehr wenig Olivenöl kurz rösten, mit Salz und Pfeffer würzen.

Die Froschschenkel salzen und pfeffern, mit Mehl bestäuben und in heißem Olivenöl rasch bräunen. Auf einem Tuch das überschüssige Fett abtropfen lassen.
In derselben Pfanne Butter erhitzen, sofort die Kräuter, die zerdrückte Knoblauchzehe und den Bratensaft zugeben. Mit etwas Zitronensaft abschmecken. Die Froschschenkel in dieser Sauce gut durchschwenken.

Fertigstellung:

Die Pilze mit den Röstzwiebeln vermischen, auf Teller verteilen und die Froschschenkel darauf anrichten.

Rotkrautsalat und Preiselbeeren mit gebratener Entenleber

für 4 Personen

Das Kraut bleibt hier roh, es wird nicht blanchiert, sondern durch das Ziehen in der Marinade weich. Allerdings muß es in wirklich hauchfeine Streifen geschnitten sein

Zutaten:

400 g Rotkraut,
ungeputzt gewogen

<u>Marinade</u>

4 EL Rotweinessig
3 EL Olivenöl
Salz
Zucker

50 g Eichblattsalat, grün
50 g Friséesalat oder Feldsalat
1 TL Sherry-Essig
2 TL Nußöl
Salz
160 g Entenstopfleber
Muskatblüte
8 TL Preiselbeerkompott

Zubereitung:

Die Rotkrautblätter, geputzt und ohne Strunk, in ganz feine Streifen schneiden. Mit den Marinadezutaten anmachen und etwa eine Stunde ziehen lassen.

Die Salate putzen und waschen. Mit Sherry-Essig, Nußöl und wenig Salz anmachen.

Die Entenstopfleber in Scheiben schneiden und die Adern entfernen. Mit Salz und Muskatblüte würzen.

Fertigstellung:

Die beiden grünen Salate auf den Tellern kreisförmig anrichten, das Rotkraut und die Preiselbeeren darauf verteilen. In einer Pfanne ohne Fett die Leberscheiben braten und in der Mitte der Teller anrichten.

Cassoulet von Kaninchennieren und Wachteleiern in Trüffelsauce

für 4 Personen

Kaninchennieren kann man nicht einfach kaufen – aber vielleicht läßt sich Ihr Wild- oder Geflügelhändler überreden, sie für Sie zu sammeln, wenn er Kaninchen für den Verkauf portioniert

Zutaten:

Trüffelsauce

10 Trüffelscheiben
2 EL Butter
Salz
0,1 l Madeira
0,2 l Geflügelfond
0,2 l Kalbsjus (brauner Kalbsfond)
5 cl Trüffeljus

Cassoulet

20 Kaninchennieren
1 EL Butter
Salz
12 Wachteleier
16 kleine Frühlingszwiebeln

Zubereitung:

Die Trüffelscheiben in 1 TL Butter ansautieren und salzen. Mit Madeira ablöschen, mit Geflügelfond, Kalbsjus und Trüffeljus auffüllen und um ein Drittel reduzieren. Die restliche Butter einrühren. Mit Salz abschmecken.

Die Kaninchennieren in der Butter ansautieren und salzen. Die Wachteleier in Salzwasser vorsichtig pochieren. Die Zwiebeln – nur das untere weiße Ende verwenden – schälen und ebenfalls pochieren.

Fertigstellung:

Die Nieren mit den Wachteleiern und den Zwiebeln auf vorgewärmten Tellern anrichten. Die Trüffelsauce darübergeben.

Quiche Lorraine

Die angegebene Teigmenge reicht für drei Quiches von 28 cm Durchmesser. Kleinere Mengen lassen sich nicht gut herstellen. In Klarsichtfolie verpackt, kann man den Rest des Teiges bis zu einer Woche im Kühlschrank aufheben.
Im Gefriergerät hält er sich drei, vier Monate

Zutaten:

Teig

250 g Mehl
180 g Butter
1 Ei
1 Prise Salz

Belag

150 g Zwiebeln
50 g durchwachsener Speck
1 EL geriebener Gruyère

Guß

0,3 l Sahne
0,3 l Milch
4 Eier
10 g Salz
Muskatnuß

Zubereitung:

Aus den gesamten Zutaten einen geschmeidigen Teig kneten und eingepackt 30 Minuten im Kühlschrank ruhen lassen.

Zwiebeln und Speck ganz fein schneiden und in leicht gesalzenem Wasser blanchieren. Abgießen und in einem Tuch gut ausdrücken.

Alle Zutaten im Mixer verquirlen.

Fertigstellung:

Den Teig dünn ausrollen und eine gefettete runde Quiche- oder Tortenbodenform damit auslegen. Darauf Zwiebeln, Speck und Käse gleichmäßig verteilen. Mit dem verquirlten Guß begießen. Die Quiche bei starker Unterhitze und mittlerer Oberhitze goldbraun backen.

Bemerkung:

Sollte bei Ihrem Backofen eine unterschiedliche Einstellung der Ober- und Unterhitze nicht möglich sein, empfiehlt es sich, den Teigboden blind zu backen, bevor Sie den Belag darauf verteilen. In diesem Fall backen Sie bei 200°C den Boden 20 Minuten und anschließend mit Belag noch 30 Minuten.
Zum Blindbacken die Teigfläche mit Backpapier oder Alufolie auslegen und mit Hülsenfrüchten beschweren. So bleibt der Teigboden flach und schlägt keine Blasen.

Gänsestopfleber, gebraten, auf Spargel-Vinaigrette

für 4 Personen

Versuchen Sie dieses Rezept nicht nur mit weißem, sondern auch einmal mit grünem Spargel, der wesentlich intensiver schmeckt. Aber auch den grünen Spargel sorgfältig schälen, sonst wird die Sauce bitter

Zutaten:

Spargel-Vinaigrette

200 g Spargel
Salz
Zucker
Zitronensaft
1 Stück Weißbrot
4 EL Weißweinessig
1 EL Himbeeressig

Gänsestopfleber

4 Scheiben Gänsestopfleber à 60 g
Salz, Pfeffer
Muskatblüte

Zubereitung:

Den Spargel in kochendem Wasser mit Salz, Zucker, Zitronensaft und dem Weißbrot garen. Abgießen, jedoch etwas Spargelsud aufbewahren. Die Spargelköpfe abschneiden und zur Seite stellen. Den restlichen Spargel mit etwas Sud im Mixer pürieren. Durch ein Haarsieb streichen. Dieses Püree mit Salz und Essig abschmecken. Die Vinaigrette sollte einen deutlich säuerlichen Geschmack haben.

Die Leberscheiben von eventuellen Blutadern befreien, mit Salz, Pfeffer und Muskatblüte würzen.
Ohne Fett in einer heißen Pfanne goldbraun braten.

Fertigstellung:

Die Spargel-Vinaigrette auf den Tellern verteilen und die Leberscheiben darauf anrichten.
Die Spargelköpfe halbieren und die Vorspeise damit garnieren.

Bemerkung:

Nehmen Sie unbedingt einen guten Weißwein- oder Champagner-Essig. Er gibt der Sauce eine milde Säure, nimmt aber dem Spargel nicht seinen Eigengeschmack.

Das Weißbrot im Spargelsud hat die Aufgabe, die Bitterstoffe zu entziehen.

Nudeln in Roquefort-Sauce

für 4 Personen

Der Roquefort sollte nicht zu alt, auf keinen Fall trocken und bröselig sein,
sonst wird die Sauce nicht sanft und zart, sondern schmeckt streng und aufdringlich

Zutaten:

Nudeln

250 g Mehl
50 g Hartweizengrieß, grob
3 Eier
20 g Olivenöl
10 g Salz

Roquefort-Sauce

200 g Sahne
45 g Butter
10 Basilikumblätter
80 g Roquefort
oder Bavaria blue
Muskatnuß
Salz, Pfeffer

Zubereitung:

Die gesamten Zutaten miteinander vermengen und
so lange kneten, bis der Teig ganz glatt ist. Abdecken und
eine Stunde ruhen lassen. Anschließend den Teig dünn
ausrollen und in feine Streifen schneiden. Auf einem Tablett
noch eine halbe Stunde antrocknen lassen.

Die Sahne mit Butter, Basilikumblättern und Roquefort-
Würfeln in einer Sauteuse erhitzen. Mit Muskat, Salz und
Pfeffer abschmecken.

Fertigstellung:

Die Nudeln in kochendem Salzwasser 2 Minuten garen,
abgießen, kurz abschrecken und in der Roquefort-Sauce
durchschwenken.

Wenn nötig, nochmals abschmecken und auf tiefen
vorgewärmten Tellern anrichten.

Austern und Lauch mit Blätterteig

für 4 Personen

Wenn Sie Ihren Gästen dies als Zwischengericht servieren wollen, können Sie Sauce, Lauch und Austern schon vorbereitet haben. Die Blätterteigstücke schieben Sie jedoch erst 10 Minuten vor dem Essen in den Ofen, damit sie heiß aufgetragen werden können

Zutaten:

Austern und Lauch

16–20 Belon-Austern
150 g Blätterteig (s. S. 257)
oder tiefgefroren fertig gekauft
125 g Lauch
1 Eigelb

Sauce

3 cl Noilly Prat
9 cl Riesling
1 Schalotte
0,45 l Fischfond
150 g Butter
Salz

Garnitur

Kerbel

Zubereitung:

Die Austern ausbrechen, das Meerwasser vorsichtig durch ein Haarsieb gießen und auffangen.
Den Blätterteig ausrollen (4 mm dick) und in 4 x 5 cm große Vierecke schneiden. Im Kühlschrank mindestens eine halbe Stunde ruhen lassen.
Den Lauch putzen, waschen und das Weiße in ca. 3 cm lange Streifen schneiden. Kurz blanchieren, herausheben und gut zwischen zwei Tüchern ausdrücken.

Noilly Prat und Riesling mit der kleingeschnittenen, gewaschenen Schalotte ankochen, den Fischfond aufgießen und um drei Viertel reduzieren. Die Butter darin verkochen, abpassieren, die Sauce im Mixer aufschlagen und leicht salzen.

Fertigstellung:

Das Eigelb mit etwas Wasser verquirlen, die Blätterteigstücke damit bepinseln, dann auf einem mit Backpapier belegten Blech bei ca. 220°C backen.
Den Lauch mit den Austern und dem aufgefangenen Austernwasser in die Sauce geben und kurz erhitzen, jedoch nicht kochen lassen.
Den Blätterteig waagerecht (also in Blätterrichtung) halbieren, so daß ein Boden und ein Deckel entstehen. Den Boden in vorgewärmte tiefe Teller setzen, die Austern mit dem Lauch und der Sauce darübergeben und mit dem Blätterteigdeckel dekorieren.
Mit Kerbel garnieren und sofort servieren.

Entenstopfleber, gebraten, mit Vinaigrette, im Löffel serviert, und gebackene Austern

für 4 Personen

Ein überraschendes Amuse gueule, das man seinen Gästen zum Empfang serviert: es läßt sich bequem im Stehen verspeisen

Zutaten:

Entenstopfleber

8 kleine Scheiben
Entenstopfleber à 20 g
Salz, Pfeffer
Muskatblüte

Vinaigrette

2 EL Madeira
2 EL Noilly Prat
2 EL Trüffelfond
4 EL Olivenöl
1 EL Sherry-Essig
1 TL Balsamico-Essig
4 gestrichene EL Petersilie,
gehackt
1 gestrichener EL Schnittlauch,
gehackt
1 TL Schalotte,
fein geschnitten und gewaschen
Salz, Pfeffer

Gebackene Austern

4 Belon-Austern
4 Spinatblätter
Salz
100 g Strudelteig
Öl zum Backen

Zubereitung:

Die Entenstopfleber würzen und kühl stellen.

Den Madeira zusammen mit dem Noilly Prat auf 2 cl reduzieren. Den Trüffelfond zugeben, aufkochen und erkalten lassen. Öl und die zwei Essigsorten miteinander verrühren. Die Kräuter und die Schalotte untermischen, mit Salz und Pfeffer abschmecken.

Fertigstellung:

Acht Eßlöffel auf einem großen Teller mit hohem Rand sternförmig anrichten und zum Vorwärmen in den leicht erhitzten Ofen stellen.

Die Entenleberscheiben ohne Fett in einer heißen Pfanne auf beiden Seiten goldbraun braten. Auf einem Tuch das überschüssige Fett abtupfen.
Je einen Teelöffel Vinaigrette in die vorgewärmten Löffel geben und die Leberscheiben darauf anrichten.

Die Austern ausbrechen und entbarten.
Die Spinatblätter blanchieren, auf ein Tuch legen, gut abtrocknen, leicht salzen und die Austern damit umwickeln. Den Strudelteig hauchdünn ausrollen und die Austern damit umhüllen. In heißem Öl backen.

Tiroler Schlutzkrapfen

für 4 Personen

Hier wird der Teig statt mit weißem Weizenmehl mit dunklem Roggenmehl zubereitet. Dadurch schmecken die Schlutzkrapfen kerniger und kräftiger. Roggenmehl gibt es im Reformhaus

Zutaten:

Teig

200 g Roggenmehl
50 g Weizenmehl
2 EL Öl
1 Ei
¼ l lauwarmes Wasser
Salz

Füllung

400 g Spinat, geputzt
100 g Butter
1 Schalotte
1 EL Mehl
¼ l Milch
Salz, Pfeffer
Muskatnuß

2 Eigelb
1 EL Wasser
2 EL Öl

Garnitur

4 EL Parmesan
3 EL braune Butter

Zubereitung:

Aus den angegebenen Zutaten einen geschmeidigen Teig kneten und ca. ½ Stunde zugedeckt stehenlassen.

Den gewaschenen, tropfnassen Spinat ohne zusätzliche Flüssigkeit mit der Hälfte der Butter weichdämpfen, würzen und gut ausdrücken. Die feingeschnittene, gewaschene Schalotte mit der übrigen Butter leicht Farbe nehmen lassen, das Mehl zugeben und gut verrühren. Die Milch aufgießen und kräftig kochen lassen. Den Spinat beigeben und alles im Mixer nicht zu fein pürieren. Mit Salz, Pfeffer und Muskat abschmecken.

Fertigstellung:

Den Teig dünn ausrollen und Kreise von 8 cm ⌀ ausstechen. Mit je einem Teelöffel der erkalteten Füllung belegen. Das Eigelb mit wenig Wasser verquirlen und den Rand damit bestreichen. Die Teig-Kreise zur Hälfte zusammenklappen und den Rand andrücken.

In einem flachen Topf (ca. 35 cm ⌀) reichlich Salzwasser mit 2 EL Öl zum Kochen bringen und die Schlutzkrapfen darin 10 Minuten garen. Mit einem Schaumlöffel herausnehmen und auf einem Tuch abtropfen lassen.

Auf vorgewärmten Tellern anrichten, mit dem Parmesan bestreuen und mit der braunen Butter abschmälzen (übergießen).

Fenchel-Quiche

Die angegebene Teigmenge reicht für drei Quiches von 28 cm Durchmesser.
Den Rest des Teiges kann man bis zu einer Woche im Kühlschrank frisch halten
oder monatelang im Gefrierfach aufbewahren

Zutaten:

<u>Teig</u>

250 g Mehl
180 g Butter
1 Ei
1 Prise Salz

<u>Belag</u>

300 g Fenchel, geputzt
1 EL Weißwein
50 g Butter
½ l Wasser
Salz
50 g Schinken-Julienne
Fenchelkraut (nur die
innersten Herzblättchen)

<u>Guß</u>

4 Eier
0,3 l Sahne
0,3 l Milch
10 g Salz
1 Prise Muskat

Zubereitung:

Aus den angegebenen Zutaten einen geschmeidigen Teig kneten und, in Folie gepackt, 30 Minuten im Kühlschrank ruhen lassen.
Ein Drittel des Teiges für eine Quiche wegnehmen, den Rest einfrieren.

Den Fenchel mit dem Strunk vierteln. Wein, Butter und Wasser in einer Sauteuse erhitzen und leicht salzen. Den Fenchel 30 Minuten darin weichdünsten. Abgießen und die Fenchelviertel in kleine Würfel schneiden.
Auf einem Tuch verteilen und, mit einem Tuch bedeckt, gut ausdrücken.
Die Schinken-Julienne in kochendem Wasser kurz blanchieren und auf einem Sieb abtropfen lassen. Das Fenchelkraut fein schneiden.

Alle Zutaten im Mixer gut verquirlen.

Fertigstellung:

Den Teig dünn ausrollen und eine gefettete runde Quiche- oder Tortenbodenform damit auslegen. Darauf die Fenchelwürfel verteilen, die Schinken-Julienne darübergeben und mit dem Fenchelkraut bestreuen.
Mit dem verquirlten Guß auffüllen und im vorgeheizten Ofen bei starker Unterhitze und mittlerer Oberhitze goldbraun backen.

Bemerkung:

Sollte bei Ihrem Backofen eine unterschiedliche Einstellung der Ober- und Unterhitze nicht möglich sein, empfiehlt es sich, den Teigboden blind zu backen (d. h. mit Hülsenfrüchten bedeckt vorbacken), bevor Sie den Belag darauf verteilen. In diesem Fall backen Sie bei 200°C den Boden 20 Minuten und anschließend mit Belag nochmals 30 Minuten (siehe auch Seite 67).

Kutteln und Morcheln in Estragon

für 4 Personen

Kutteln bekommen Sie vom Metzger bereits gereinigt und vorgekocht. Verlangen Sie ein Stück aus dem Netzmagen, das besonders fein gekräuselt ist, aber nur vom Kalb – Rinderkutteln sind nicht zart genug

Zutaten:

Kutteln

600 g Kalbskutteln
1 mittelgroße Zwiebel
2 Nelken
2 Lorbeerblätter
1 l Geflügelfond

Gemüse-Einlage

60 g Stangensellerie
100 g Lauch
100 g Zwiebeln
200 g frische Morcheln
50 g Butter
3 Schalotten
1 Tomate
20 g Butter
Salz

Sauce

1/8 l Weißwein, trocken
1/8 l Champagner, trocken
5 cl Noilly Prat
1/2 l Fond blanc
0,3 l Crème double
2 EL Estragonessig
70 g Butter
2 EL Sahne, geschlagen

Garnitur

Petersilie

Zubereitung:

Die Kutteln in feine Streifen schneiden und mit der grob gehackten Zwiebel, den Nelken und Lorbeerblättern im Geflügelfond weichkochen.

Sellerie, Lauch und Zwiebeln waschen, putzen, in feine Streifen schneiden und jeweils getrennt in Salzwasser kochen.
Die frischen Morcheln – nur wenn nötig – waschen, in einer Sauteuse in 50 g Butter zusammen mit den feingeschnittenen Schalotten garen. Die Tomate schälen, entkernen, in Streifen schneiden und in 20 g Butter weichdünsten, dabei salzen.

Weißwein, Champagner und Noilly Prat zusammen kurz aufkochen lassen, den Fond blanc zugeben und alles auf ein Viertel reduzieren. Crème double, Estragonessig und die Butter zugeben, weitere 5 Minuten kochen lassen.

Fertigstellung:

Gemüse und Kutteln aus dem Sud nehmen, gut abtropfen lassen, mit den Morcheln und der geschlagenen Sahne in die Sauce geben, kurz aufkochen lassen, auf heißen Tellern anrichten, mit den Tomatenstreifen und etwas Petersilie garnieren.

Gefüllte Courgetten-Blüten auf Trüffelcreme

für 4 Personen

Courgetten- oder Zucchini-Blüten sind auf den Märkten nicht leicht zu finden, weil sie den Transport aus südlichen Ländern nicht gut überstehen. Wenn Sie einen Garten haben, sollten Sie unbedingt Zucchini anbauen; zwei Pflanzen genügen, um Sie den Sommer über reichlich mit frischen Blüten und Früchten zu versorgen!

Zutaten:

Bierteig

250 g Mehl
2 Eigelb
¼ l Bier
40 g zerlassene Butter
2 Eiweiß
Salz

Courgetten-Blüten

4 kleine Courgetten à 40–50 g
1 EL Butter
1 Eigelb
4 große Courgetten-Blüten
Salz, Pfeffer

Trüffelcreme

10 g Trüffel, fein geschnitten
40 g Butter
Salz
0,1 l Madeira
0,4 l Geflügelfond
6 cl Trüffeljus
0,1 l Crème double

1 l Öl zum Ausbacken

Zubereitung:

Mehl, Eigelb, Bier und zerlassene Butter zu einem glatten Teig verarbeiten. Diesen 25–30 Minuten an einem warmen Ort ruhen lassen. Eiweiß mit einer Prise Salz steif schlagen und unter den Teig heben.

Die Courgetten schälen, in kleine Würfel schneiden und mit der Butter leicht ansautieren. Würzen und mit dem Eigelb vermischen. Erkalten lassen.

Die geputzten Courgetten-Blüten salzen, pfeffern und mit der Courgetten-Masse füllen. Gut zusammendrücken, um die Blütenöffnung zu verschließen.

Die Trüffelwürfel in 5 g Butter ansautieren und salzen. Mit Madeira ablöschen, mit Geflügelfond und Trüffeljus auffüllen und um ein Drittel reduzieren.
Die restliche Butter und Crème double zugeben, nochmals 5 Minuten kochen lassen und im Mixer aufschlagen.

Fertigstellung:

Die Blüten in den Bierteig tauchen und in dem heißen Öl goldgelb ausbacken.
Heiße Trüffelsauce auf die vorgewärmten Teller geben und die Blüten darauf anrichten.

Suppen

Tomatensuppe mit Blattspinat und Champignonstreifen für 4–6 Personen

Vollreife, aromatische Tomaten brauchen Sie für dieses Rezept, am besten Gärtnertomaten aus hiesigem Anbau, die keine lange Reise in Kühlwaggons zurücklegen mußten. Gekühlte Tomaten verlieren ihren intensiven Duft

Zutaten:

Tomatensuppe

800 g Tomaten, möglichst süße
125 g Butter
¼ l Consommé
¼ l Sahne
Estragonessig
Salz, Pfeffer
Zucker

Spinat und Champignons

50 g Champignons
15 g junger Blattspinat

Zubereitung:

Die Tomaten enthäuten und das Kerngehäuse entfernen. Das Kerngehäuse durch ein Sieb passieren und den auslaufenden Saft zu den Tomaten geben.
Die Tomaten mit 50 g Butter verkochen. Im Mixer mit der übrigen Butter pürieren. Durch ein Sieb passieren, da meistens noch einige Kerne zurückgeblieben sind.
Das Tomatenmus mit der Consommé und Sahne aufkochen und gut verrühren. Mit einem Spritzer Estragonessig, Salz, Pfeffer und einer Prise Zucker abschmecken.

Von den Champignons und den Spinatblättern die Stiele entfernen. Pilze und Spinatblätter waschen und trocknen. Die Champignonköpfe in ganz feine Streifen schneiden, die Spinatblätter halbieren.

Fertigstellung:

Die Suppe kurz erwärmen, die Champignonstifte und Spinatblätter zugeben. Die Suppe in Tassen verteilen.

Gebräunte Grießsuppe

für 4 Personen

Sie brauchen für diese Suppe Hartweizengrieß, der beim Anrösten besonders gut sein Aroma entwickelt und seine Konsistenz behält

Zutaten:

Grießsuppe

30 g Grieß
1 l Geflügelbrühe, kräftig
¼ l Sahne
1 Eigelb
Muskatnuß
Salz
30 g Butter
1 EL geschlagene Sahne

Garnitur

30 g Kopfsalat oder Blattspinat
2 Scheiben Toastbrot
30 g Butter

Zubereitung:

15 g Grieß ohne Fett in einer Sauteuse goldbraun anrösten, dabei ständig rühren, damit er gleichmäßig bräunt. Mit der kochendheißen Brühe aufgießen und den restlichen Grieß zugeben. 6 Minuten kochen lassen. Die Sahne mit dem Eigelb verquirlen und mit wenig Muskatnuß würzen. Nach und nach etwas Brühe einrühren und diese Legierung zur Suppe geben. Mit Salz abschmecken und mit Butter verfeinern.

Den Kopfsalat oder Spinat in feine Streifen schneiden. Das Toastbrot entrinden, würfeln und in der Butter goldbraun rösten.

Fertigstellung:

Die geschlagene Sahne unter die Suppe heben, in vorgewärmten Tassen oder tiefen Tellern anrichten. Die Gemüsestreifen und die Croûtons darüber verteilen.

Kartoffelsuppe mit Meeresschnecken

für 4 Personen

Die Schnecken aus ihrem kleinen Gehäuse herauszuziehen, ist etwas mühsam. Am besten geht es mit einer Stecknadel, mit der Sie zunächst das durchsichtige Plättchen wegschieben, mit dem die Schnecke verschlossen ist, und dann das Fleisch vorsichtig herausziehen

Zutaten:

Kartoffelsuppe

350 g gute, mehlige Kartoffeln
(z. B. Bintje)
Salz
0,1 l Sahne
160 g Butter
Muskatnuß
Pfeffer
½ l Consommé, kräftig

Einlage

40 Meeresschnecken
(Bigorneaux)
Salz
Brunnenkresse
2 Scheiben Toastbrot
30 g Butter
1 EL Schlagsahne

Zubereitung:

Die Kartoffeln in gut gesalzenem Wasser (wenn vorhanden, im Dampfkochtopf) garen. Durch die Kartoffelpresse drücken und noch heiß mit Sahne und Butter glattrühren. Mit Salz, Muskat und eventuell etwas Pfeffer abschmecken.
Die Consommé zugeben, die Suppe kurz aufkochen und mit dem Schneebesen gut durchrühren. Es kann auch ein Pürierstab dazu benutzt werden. Jedoch nicht im Mixer aufschlagen, da die Suppe sonst zu stark bindet und klebrig wird.

Die Schnecken in Salzwasser ca. 10 Minuten kochen. Mit einem Zahnstocher oder einer Stecknadel aus dem Gehäuse herausziehen, Darm und Deckklappen entfernen. Die Kresse zupfen. Das Toastbrot entrinden, in Würfel schneiden und in Butter goldbraun rösten.

Fertigstellung:

Schnecken und Kresse in die Suppe geben, die geschlagene Sahne unterheben und in tiefen Tellern anrichten.

Die Croûtons darüberstreuen.

Suppe von „Krause-Glucke"-Pilzen (Aug./Sept)
für 4 Personen

Die „Krause Glucke" ist ein recht unbekannter Pilz,
man findet ihn nicht überall

Zutaten:

250 g Krause-Glucke-Pilze
(auch „Fette Henne" genannt)
400 g Butter
Salz
0,8 l Consommé
1 EL gehackte Petersilie

Zubereitung:

Die Pilze putzen, gut waschen und in kleine Stücke teilen. In einem großen Topf mit 50 g Butter und wenig Salz ansautieren.

Die Consommé getrennt zum Kochen bringen, die restliche Butter darin schmelzen und alles auf die Pilze gießen. Vom Herd nehmen und etwa 5 Minuten durchziehen lassen.

Fertigstellung:

Die Suppe abpassieren, nochmals aufkochen und im Mixer aufschlagen. Wieder zu den Pilzen geben, die gehackte Petersilie einstreuen und, wenn nötig, mit Salz abschmecken. Auf tiefe Teller verteilen.

Kartoffelsuppe mit weißen Alba-Trüffeln

für 4 Personen

Wichtig – wie immer bei weißen Trüffeln: die Scheiben müssen hauchdünn sein.
Am besten hobeln Sie die Trüffel ganz frisch erst bei Tisch darüber,
damit nichts von ihrem Duft verfliegt

Zutaten:

<u>Kartoffelsuppe</u>

350 g gute, mehlige Kartoffeln
(z. B. Bintje)
Salz
0,2 l Sahne
100 g Butter
Muskatnuß
Pfeffer
½ l Consommé, kräftig

<u>Einlage</u>

100 g Kartoffeln
100 g Butter
40 g weiße Trüffel
etwas Kerbel

Zubereitung:

Die Kartoffeln in gut gesalzenem Wasser (eventuell im Dampfkochtopf) garen.
Durch die Kartoffelpresse drücken und noch heiß auf dem Herd mit Sahne und Butter glattrühren. Mit Salz, Muskat und Pfeffer abschmecken. Die Consommé zugeben, die Suppe aufkochen und mit dem Schneebesen oder Pürierstab gut durchrühren. Schlagen Sie die Suppe nicht mit dem Mixer auf, da sie dann zu stark bindet.

Die Kartoffeln schälen und in kleine Würfel schneiden. Die Butter klären und die Kartoffelwürfel darin knusprig braten. Die Trüffel unter fließendem Wasser kräftig bürsten.

Fertigstellung:

Die Suppe in Tassen füllen und die gebratenen Kartoffelwürfel darin verteilen. Die Trüffel gleichmäßig darüberhobeln und mit gezupften Kerbelblättern garnieren.

Lamm-Consommé mit Gersteneinlage

für 4 Personen

Gerste ist eher bekannt als Rollgerste oder Graupen. Achten Sie darauf, daß Sie kleine Graupen, sogenannte Perlgraupen, kaufen und davon die kleinsten, die Sie bekommen. Denn es gibt sie in verschiedenen Größen: von mittelfein bis fein

Zutaten:

Lamm-Consommé

30 g Zwiebel
30 g Karotte
30 g Staudensellerie
500 g Lammknochen
1 kleiner Thymianzweig
½ Knoblauchzehe
1 l Fleischbrühe
100 g Wadenfleisch
(Unterschenkel) vom Lamm
Salz, Pfeffer

Einlage

2 EL Gerstengraupen
15 g Karotte
15 g Lauch
15 g Staudensellerie

Zubereitung:

Die Gemüse waschen, putzen, grob würfeln und mit den zerhackten Knochen in einen Topf geben. Thymian und Knoblauchzehe zugeben, mit der Fleischbrühe aufgießen. Das Wadenfleisch zugeben und alles eine halbe Stunde köcheln lassen, bis es weich ist.
Das Lammfleisch herausnehmen, die Brühe durch ein Tuch passieren, mit Salz und Pfeffer abschmecken.

Die Gerste in Salzwasser weichkochen. Das Fleisch in Würfel schneiden. Das Gemüse putzen, würfeln und blanchieren.

Fertigstellung:

Die Gerste, das Fleisch und die Gemüse in der Consommé erhitzen und in Tassen servieren.

Wachtel-Consommé mit Linsen

für 4 Personen

Kaufen Sie Linsen dort, wo Sie sicher sein können, daß sie regelmäßig Absatz finden. Denn nur frische Linsen schmecken gut und sind auch viel schneller gar als solche von der Vorjahresernte

Zutaten:

Wachtel-Consommé

4 Wachteln
1 Stück Staudensellerie
1 kleine Zwiebel
1 Karotte
15 g Butter
2 Liebstöckelblätter
4 Egerlinge
1 kleiner Thymianzweig
3 Eiweiß
1 l Geflügelfond
Salz

Einlage

30 g Tellerlinsen
(5 Stunden eingeweicht)
80 g Mairitterlinge
(oder Zuchtpilze, wie z.B. Egerlinge)
1 Karotte
1 Petersilienwurzel
1 TL Kerbel, gezupft

Zubereitung:

Die Wachteln ausnehmen, die Brüstchen vom Knochen lösen und mit den Herzen und Lebern zur Seite stellen.
Die Wachtelkarkassen grob zerkleinern und mit den geputzten und grob gewürfelten Gemüsen in der Butter anschwitzen. Liebstöckel, die geviertelten Egerlinge und den Thymianzweig zugeben und erkalten lassen.
Nun das Eiweiß zum Klären unter das abgekühlte Gemüse und die Karkassen mischen und mit dem kalten Geflügelfond aufgießen. Zum Kochen bringen. Die Brüstchen einlegen und 5 Minuten ziehen lassen. Wieder herausnehmen, die Haut abziehen, das Fleisch längs in Scheiben schneiden und zur Seite stellen. Die Consommé 30 Minuten köcheln lassen und abpassieren. Den Topf vom Herd nehmen, Herzen und Lebern in die Brühe einlegen.

Die eingeweichten Linsen abspülen und in etwas Wachtel-Consommé weichdünsten.
Die Gemüse in feine Würfel schneiden und mit den Pilzen ebenfalls in etwas Brühe garen. Wenn nötig, salzen.

Fertigstellung:

Wachtelbrüstchen, Gemüse und Pilze in die Consommé geben, kurz erhitzen und in einer Terrine anrichten.
Mit gezupftem Kerbel bestreuen.

Creme von frischen Erbsen mit Römersalat

für 4–6 Personen

Frische Erbsen gibt es nicht das ganze Jahr über. Sie können auch gefrorene Perlerbsen verwenden, natürlich bester Qualität

Zutaten:

Erbsensuppe

30 g Schalotten
150 g Butter
300 g Gartenerbsen (ohne Schoten)
1 l Geflügelfond
Salz, Pfeffer
1 Prise Zucker
3 EL geschlagene Sahne

Garnitur

10 Lattichblätter, vom Herzen (Romanasalat)
1 EL Butter

Zubereitung:

Die feingeschnittenen Schalotten in 25 g Butter anschwitzen, ohne sie Farbe nehmen zu lassen. Die Erbsen zugeben und mit dem Geflügelfond aufgießen. So lange kochen, bis die Erbsen weich sind.
Im Mixer pürieren, durch ein Haarsieb streichen und mit den Gewürzen abschmecken. Mit der restlichen Butter nochmals aufkochen, im Mixer kurz aufschlagen.

Die Salatblätter waschen, abtrocknen und in feine Streifen schneiden. In Butter ganz kurz dämpfen.

Fertigstellung:

Schlagsahne und Salat-Julienne zur Suppe geben und in Tassen verteilen.

Bemerkung:

Als zusätzliche Einlage eignen sich Streifen von gekochter Hühnerbrust.

Geeiste Gurkensuppe mit Flußkrebsen und Dill

für 4 Personen

Leider gibt es nur selten Gurken, die einen vollen Geschmack haben. Sie sind für dieses Gericht ganz wichtig. Kaufen Sie deshalb dafür unbedingt die kleinen Gärtnergurken

Zutaten:

Gurkensuppe

2 Salatgurken (Freiland)
12 g Salz
1 Bund Dill, gehackt
1 Becher Magerjoghurt
1 EL saure Sahne
Zitronensaft

Garnitur
16 Flußkrebse

Zubereitung:

Die Gurken schälen, halbieren und mit einem Löffel das Kerngehäuse entfernen. Dieses auf einem Haarsieb auspressen, um den Saft zu erhalten. Die Gurken in ca. 2 cm dicke Scheiben schneiden, einsalzen und 2–3 Stunden kalt stellen. Dann im Mixer mit dem Gurkensaft nicht zu fein pürieren.
Dill, Joghurt und saure Sahne beigeben, mit Zitronensaft und Salz abschmecken.

Da die Gurken unterschiedlich safthaltig sind, kann gegebenenfalls noch mit dem Saft einer zusätzlichen Gurke verlängert werden, um eine flüssigere Konsistenz zu erhalten.

Die Suppe eine Stunde auf Eis stellen, da sie eisgekühlt serviert am besten schmeckt.

Die Krebse in reichlich Salzwasser ca. 3–4 Minuten garen. Krebse und Scheren ausbrechen und den Darm entfernen.

Fertigstellung:

Die Gurkensuppe in eisgekühlte Teller oder Suppentassen geben und die noch lauwarmen Krebse darauf anrichten.

Kräutercremesuppe

für 4 Personen

Je nach Jahreszeit und Angebot können Sie mit den Kräutern variieren

Zutaten:

½ l Consommé, kräftig
½ l Crème double
150 g Butter
Salz

Kräuter (alle fein gehackt)

2 EL Kerbel
1 TL Petersilie
1 TL Estragon
2 EL Sauerampfer
1 TL Basilikum

50 g Schlagsahne

Zubereitung:

Consommé und Crème double zusammen 3 Minuten kochen. Die Butter beigeben, wenn nötig, mit Salz abschmecken. Im Mixer stark aufschlagen und in den Topf zurückgeben.

Fertigstellung:

Die feingehackten Kräuter und die geschlagene Sahne unter die Creme ziehen und in Suppentassen servieren.

Kraftbrühe mit Mark-Croûtons und Schnittlauch

für 4 Personen

Eine Suppe, die von selbst anfällt, wenn es als Hauptgang ein schönes Stück gekochtes Rindfleisch geben soll

Zutaten:

Kraftbrühe

2 Karotten
2 Stück Staudensellerie
½ Zwiebel mit Schale
5 Liebstöckelblätter
1 Ochsenbrust oder
1 Stück Tafelspitz von 1,5 kg
2 Eiweiß
1 TL Sherry
Muskatnuß
Salz, Pfeffer aus der Mühle

Mark-Croûtons

8 Scheiben Baguette à ½ cm
60 g Butter
16 Scheiben Rindermark à ½ cm
Salz, Pfeffer
1 Bund Schnittlauch

Zubereitung:

Die Hälfte der Gemüse waschen und grob würfeln. Die Zwiebelhälfte mit der Schnittfläche auf eine heiße Herdplatte legen und schwarz rösten lassen. Die Gemüse mit der Zwiebel, den Liebstöckelblättern und dem Rindfleisch in einen hohen Topf geben und mit kaltem Wasser auffüllen, so daß alle Zutaten bedeckt sind. Bis zum Siedepunkt erhitzen und je nach Fleischqualität 1½–2½ Stunden leise ziehen lassen. Die Brühe abpassieren und kalt stellen.

Das restliche Gemüse geputzt und gewürfelt mit dem Eiweiß vermischen, mit der erkalteten Brühe aufgießen und langsam zum Kochen bringen. Dabei sollte ab und zu umgerührt werden. Die Hitze reduzieren und noch 5 Minuten köcheln lassen. Nun die Brühe mit dem Sherry und den Gewürzen abschmecken und abpassieren.

Die Baguette-Scheiben in der Butter auf beiden Seiten goldbraun braten. Auf einem Tuch das überschüssige Fett abtropfen lassen.

In einer Sauteuse etwas Brühe erhitzen und die Markscheiben darin aufwallen lassen. Mit einem Schaumlöffel herausnehmen, auf ein Tuch geben, mit Salz und Pfeffer würzen.

Fertigstellung:

Je zwei Markscheiben auf einem Croûton anrichten und mit feingeschnittenem Schnittlauch bestreuen.
Die heiße Suppe in Tassen füllen und je zwei Croûtons separat dazu reichen.

Bemerkung:

Zur gekochten Ochsenbrust, die es anschließend gibt, empfehle ich eine Meerrettich- oder Schnittlauchsauce und neue Kartoffeln.

Fisch

Scholle mit Tomaten-Kräuter-Sauce

für 4 Personen

Ein preiswertes Gericht, wenn frische Schollen auf dem Markt sind. Es macht wenig Arbeit und schmeckt hervorragend. Wenn Sie die Schollen bereits filetiert kaufen, achten Sie darauf, daß auch wirklich die Haut abgezogen ist. Die weiße Haut der Unterseite lassen die Fischhändler nämlich meist dran

Zutaten:

Kräutersauce

0,15 l Chablis
5 cl Noilly Prat
3–4 Schalotten
0,3 l Fischfond
80 g Butter
Salz
eventuell Zitronensaft
1 EL gehackter Kerbel
½ TL Estragon
½ TL Basilikum
1 EL geschlagene Sahne

Tomaten

2 kleine Tomaten
2 EL Butter
Salz

Scholle

500 g Schollenfilets
Salz, Pfeffer
Öl zum Braten

Zubereitung:

Chablis und Noilly Prat mit den feingeschnittenen und gewaschenen Schalotten ankochen und mit dem Fischfond auffüllen. Auf die Hälfte reduzieren, die Butter zugeben und darin verkochen lassen. Abpassieren, mit Salz und eventuell etwas Zitronensaft abschmecken.
Kurz im Mixer aufschlagen.

Die Tomaten enthäuten, entkernen und in kleine Würfel schneiden. In einer Kasserolle mit der Butter gut verkochen, anschließend fein hacken und sparsam salzen.

Die Schollenfilets, die ganz frisch sein sollten, würzen und in sehr heißem Öl schnell auf beiden Seiten Farbe nehmen lassen.

Fertigstellung:

Die Kräuter fein schneiden, mit den Tomaten und der geschlagenen Sahne unter die Sauce ziehen. Diese auf vorgewärmte Teller verteilen und die Filets darauf anrichten.

Bemerkung:

Bei Schollen ist es besonders wichtig, daß sie bei hoher Temperatur und in ganz heißer Pfanne schnell gebraten werden, damit sie rasch garen und ihr Biß erhalten bleibt.

Zander in Zitronenbutter

für 4 Personen

Nehmen Sie hierfür, wie im Rezept angegeben, kleine Zander und rechnen Sie pro Portion ein Filet.
Die Filets großer Fische sind nicht nur weniger zart, sie lassen sich auch nicht so perfekt garen

Zutaten:

Zander

2 Zander à ca. 800 g
Salz, Pfeffer
Mehl
50 g Butter zum Braten

Zitronenbutter

2 EL Noilly Prat
50 g Butter
1 Zitrone (Filets ohne Haut)
Salz

Garnitur

4 Scheiben Toastbrot (2 Tage alt)
50 g Butter
4 cl brauner Kalbsfond
etwas Brunnenkresse

Zubereitung:

Die Zander filetieren, enthäuten und mit einer Pinzette
die Gräten herausziehen.
Die Filets würzen und leicht mehlieren.

In einer Sauteuse den Noilly Prat auf die Hälfte reduzieren,
die Butter und die Zitronenfilets zugeben. Salzen und
etwas verkochen lassen.

Die Toastbrotscheiben entrinden und in kleine Würfel
schneiden. Die Butter in einer Pfanne schmelzen und
die Brotwürfel langsam goldgelb braten.

Fertigstellung:

Die Zanderfilets in Butter goldbraun braten, eventuell
etwas nachwürzen und mit der Bratbutter übergießen.
Den Fisch auf vorgewärmten Tellern anrichten,
die Zitronenbutter darübergeben und mit Kalbsfond
beträufeln. Mit den Croûtons bestreuen, mit Brunnenkresse
garnieren und sofort servieren.

Seeteufel im ganzen gebraten, mit Thymianbutter
für 4 Personen

An der Gräte, also im ganzen gegart, bleibt Fisch besonders saftig – beim Seeteufel stört das auch beim Essen nicht, weil er nur ein Rückgrat besitzt, keine unangenehmen Seitengräten

Zutaten:

Seeteufel

1 Seeteufel (Lotte) von ca. 1 kg
Salz, Pfeffer
Mehl
0,1 l Öl zum Anbraten
70 g Butter
3 Thymianzweige
2 Knoblauchzehen, ungeschält
2 ganze Schalotten, geschält

Sauce

8 cl Weißwein
2 cl Noilly Prat
0,2 l Fischfond
80 g Butter
3 Thymianzweige
1 EL gehackter Kerbel

Garnitur

3 Tomaten
30 g Butter
Salz

Zubereitung:

Den Seeteufel enthäuten und säuberlich alle dunklen Fettstellen entfernen. Den Fisch mit Salz und Pfeffer würzen und in Mehl wenden. In einer Pfanne das Öl stark erhitzen, den Fisch auf beiden Seiten darin anbraten. In eine flache, kalte Kasserolle, in der der Fisch gerade Platz hat, die Butter mit den Aromaten und Schalotten geben und den Seeteufel darauflegen.

Wein und Noilly Prat ankochen und mit dem Fischfond aufgießen. Je nach Stärke des Fonds auf mindestens die Hälfte reduzieren. Die Butter darin verkochen lassen, die Thymianzweige zugeben und nochmals 2–3 Minuten köcheln lassen.

Tomaten enthäuten, entkernen und in Würfel schneiden. Die Butter in einer Kasserolle schmelzen lassen und die Tomaten darin gut verkochen. Mit Salz abschmecken.

Fertigstellung:

Den Fisch im vorgeheizten Ofen bei 240°C 15–20 Minuten garen, herausnehmen und die in der Form entstandene Flüssigkeit zu der Sauce geben. Diese abpassieren und im Mixer aufschlagen. Nach Geschmack noch mit etwas Weißwein und Salz nachwürzen. Den gehackten Kerbel beigeben.
Die Lotte auf einer vorgewärmten Platte anrichten.
Mit etwas Sauce nappieren und mit den Tomaten garnieren. Die restliche Sauce separat reichen. Den Fisch erst am Tisch filetieren.

Steinbutt in Senfsauce mit geschmolzenen Tomaten

für 4 Personen

Steinbutt hat ein kräftiges Aroma und kann eine intensive Sauce durchaus vertragen

Zutaten:

Senfsauce

0,1 l Weißwein
4 cl Noilly Prat
1 Schalotte
½ l Fischfond
¼ l Crème double
25 g Butter
Zitronensaft
1 EL grüner Pfeffersenf
Salz, Pfeffer
1 EL gehackter Kerbel
1 EL Schlagsahne

Geschmolzene Tomaten

2 Tomaten (möglichst kleine, aromatische)
1 EL Butter
Salz

Steinbutt

1 EL Weißwein
3 cl Fischfond
Salz
500 g Steinbuttfilet

Zubereitung:

Weißwein und Noilly Prat mit der feingeschnittenen, gewaschenen Schalotte ankochen. Mit ½ l Fischfond auffüllen und auf ein Viertel reduzieren. Crème double, Butter und Zitronensaft zu dieser Reduktion geben und weitere 10 Minuten köcheln lassen. Den Senf unterrühren und aufkochen. Die Sauce abpassieren und im Mixer aufschlagen. Mit Salz, Pfeffer und etwas Zitronensaft abschmecken.

Die Tomaten enthäuten, entkernen und in Würfel schneiden. In der erhitzten Butter gut verkochen und salzen.

Weißwein und Fischfond leicht salzen und in eine Kasserolle geben. Die Fischfilets einlegen und im vorgeheizten Ofen bei 240°C 5 Minuten garen.

Fertigstellung:

Den feingehackten Kerbel und die Schlagsahne unter die Sauce rühren.
Mit der Sauce einen Spiegel auf vorgewärmte Teller gießen, die Fischfilets darauf anrichten und mit der restlichen Sauce nappieren.
Mit den geschmolzenen Tomaten garnieren.

Lachs mit Meersalz pochiert

für 4 Personen

Der fette Lachs verträgt es gut, in dem stark gewürzten Sud zu ziehen, ohne allzu salzig zu schmecken!

Zutaten:

Sud für den Lachs

125 g Meersalz
2 l Wasser
4 cl Estragonessig
¼ l Weißwein
1 TL Pfefferkörner
1 Thymianzweig
1 Stück Lauch
1 Stück Staudensellerie
1 Karotte

Estragonsauce

0,1 l Weißwein
2 cl Noilly Prat
1 Schalotte
½ l Fischfond
170 g Butter
Salz
1 TL Estragonessig
20 Estragonblätter

Lachs

4 Lachsfilets à 60 g
als Zwischengericht,
à 130 g als Hauptgericht

Gemüsestifte

50 g Sellerie
50 g Lauch
50 g Staudensellerie
50 g Karotte

Zubereitung:

Die angegebenen Zutaten zusammen aufkochen und 10 Minuten ziehen lassen. Der Sud muß stark salzig schmecken.

Weißwein, Noilly Prat und die kleingeschnittene, gewaschene Schalotte kurz ankochen, mit Fischfond auffüllen und auf ein Drittel reduzieren. Butter zu dieser Reduktion geben und weitere 10 Minuten köcheln lassen. Die Sauce abpassieren, im Mixer aufschlagen, mit Salz und Estragonessig abschmecken. Die Estragonblätter zugeben.

Die Lachsstücke in den leicht kochenden Sud einlegen und 3–5 Minuten je nach Größe neben dem Feuer ziehen lassen. Der Lachs sollte beim Herausnehmen nicht ganz durch sein, da er selbst in der kurzen Zeit bis zum Servieren etwas nachgart.

Die Gemüse in feine Streifen schneiden, blanchieren und abtropfen lassen.

Fertigstellung:

Etwas Estragonsauce auf vorgewärmte Teller geben, den Fisch darauf anrichten und mit der restlichen Sauce nappieren. Mit den Gemüsestiften garnieren.

Als Beilage eignet sich besonders gut Petersilienpüree (Rezept Seite 202).

Rotbarbe in Rotweinbutter auf Blattspinat

für 4 Personen

Ein ganz besonderer Fisch. Sein spezielles, sehr intensives Aroma ist sicher nicht jedermanns Geschmack, aber wer es einmal schätzen gelernt hat, wird Rotbarben anderen Fischen immer vorziehen

Zutaten:

Rotweinbutter

½ l Rotwein
⅛ l Portwein, rot
4 Schalotten
150 g Butter
Salz

Blattspinat

20 g Butter
0,1 l Wasser
Salz, Pfeffer
Muskat
300 g Spinat, jung, ohne Stiele
2 EL Schlagsahne

Rotbarben

4 Rotbarben à 150–200 g
3 cl Fischfond

Zubereitung:

Rotwein und Portwein mit den feingeschnittenen und gewaschenen Schalotten auf ein Minimum reduzieren. 5 Minuten zur Seite stellen. Auf den Herd zurückstellen und die Reduktion mit einem Spritzer Rotwein lösen. Nach und nach die Butter einrühren. Mit Salz abschmecken. Sollte die Rotweinbutter zu säuerlich sein – das kann bei säurereichem Rotwein vorkommen –, fügen Sie etwas reduzierten Portwein hinzu.

Die Butter zusammen mit dem Wasser und den Gewürzen in einen Topf geben. Den gewaschenen und abgetropften Spinat zugeben und unter mehrmaligem Umrühren dämpfen. Das überflüssige Wasser abgießen und den Spinat warm stellen. Vor dem Servieren die Schlagsahne unterziehen.

Die Fische filetieren und die verbliebenen Gräten mit einer Pinzette herausziehen. Den Fischfond in einer flachen Kasserolle erhitzen, die Fischfilets einlegen und im vorgeheizten Ofen bei ca. 220°C je nach Größe 3–5 Minuten garen.

Fertigstellung:

Die Rotbarbenfilets auf einem Tuch abtropfen lassen und etwas trocken tupfen.
Den gedämpften Spinat in der Mitte der vorgewärmten Teller anrichten, die Rotweinbutter außen um den Spinat verteilen und die Fischfilets obenauf setzen.

Bemerkung:

Verwenden Sie keine Rotbarben, die mehr als 200 bis 250 g wiegen, da diese meistens einen tranigen Geschmack haben.

Lachs in Basilikumbutter

für 4 Personen

Ein Gericht für den Sommer, wenn es frisches Basilikum und reife, aromatische Tomaten gibt

Zutaten:

Tomatengarnitur

4 kleine Tomaten
40 g Butter
Salz

Basilikumbutter

150 g Butter
12 Basilikumblätter
1 Zitrone
Salz
Pfeffer aus der Mühle

Sud

1 l Wasser
1 cl Weißwein, trocken
1 Schalotte
1 Stück Staudensellerie
1 kleines Stück Lauch
6 Pfefferkörner
40 g Meersalz

Lachs

8 dünne Scheiben Lachs à 70 g
(sehr flach aus dem Filet
geschnitten)

Zubereitung:

Die Tomaten enthäuten, entkernen und in Würfel schneiden. Mit der Butter und etwas Salz verkochen.

Butter, Basilikum und Zitronensaft mit etwas Salz und Pfeffer in eine kalte Sauteuse geben und auf dem Herd unter ständigem Rühren schmelzen. Kurz aufkochen und abpassieren.

Wasser und Wein mit den geputzten, grob gewürfelten Gemüsen und den Gewürzen in einem flachen Topf zum Kochen bringen. Den Topf vom Herd nehmen und den Lachs in den Sud einlegen. Je nach Stärke der Scheiben ca. 3–5 Minuten ziehen lassen.

Fertigstellung:

Die Basilikumbutter auf vorgewärmte Teller geben, den Lachs darauf anrichten und mit den geschmolzenen Tomaten garnieren.

Lachs in Blätterteig mit Estragonsauce

für 4 Personen

Eine Vorspeise in einem aufwendigen Menu oder das Hauptgericht bei einem festlichen Essen. Besonders bequem, wenn Gäste kommen: Man kann alles fix und fertig vorbereiten und muß die Lachspäckchen dann nur noch backen und anrichten

Zutaten:

Fischfarce

100 g Hechtfilet
1 Ei
100 g Crème double
Muskat
Salz, Pfeffer
20 g Gemüsewürfel
(Karotte, Lauch, Sellerie)
20 g Butter
2 EL Schlagsahne

Lachs

150 g Blätterteig
12 größere Spinatblätter
(blanchiert)
Salz, Pfeffer
200 g Lachsfilet
(oder 320 g als Hauptgang)
1 Eigelb zum Bestreichen

Estragonsauce

0,1 l Weißwein
2 cl Noilly Prat
1 Schalotte
½ l Fischfond
¼ l Crème double
25 g Butter
Salz
1 TL Estragonessig
20 Estragonblätter

Garnitur

2 kleine Tomaten
1 EL Butter
Salz

Zubereitung:

Das gut gekühlte Hechtfleisch in Stücke schneiden, salzen und im Blitzhacker (bzw. Universalzerkleinerer) fein cuttern. Ein Ei zugeben, nach und nach die Crème double eincuttern. Mit Muskat, Salz und Pfeffer abschmecken, durch ein Haarsieb streichen und kalt stellen. Karotten, Sellerie und Lauch in feine Würfel schneiden, mit etwas Butter und wenig Wasser dünsten. Auf einem Teller erkalten lassen. Mit der Farce gut vermischen und anschließend die geschlagene Sahne unterziehen.

Den Blätterteig hauchdünn ausrollen und zu Rechtecken von etwa 13 x 15 cm schneiden. Mit den blanchierten, trocken getupften Spinatblättern belegen. Die Farce auf die Blätter streichen und die mit Salz und Pfeffer gewürzten Lachsfilets darauflegen.
Den Fisch einschlagen. Dabei besonders darauf achten, daß sich der Spinat nicht überlappt und das Päckchen nicht zu dick wird.
Das Eigelb mit etwas Wasser verquirlen, die Teigoberfläche damit bestreichen und die Päckchen auf ein mit kaltem Wasser abgespültes oder mit Backpapier belegtes Blech geben. Mindestens eine halbe Stunde ruhen lassen, damit der Teig beim Backen nicht reißt.

Weißwein, Noilly Prat und die kleingeschnittene, gewaschene Schalotte kurz ankochen, mit Fischfond auffüllen und auf ein Viertel reduzieren. Crème double und Butter zu dieser Reduktion geben und weitere 10 Minuten köcheln lassen. Die Sauce abpassieren, im Mixer aufschlagen, mit Salz und Estragonessig abschmecken. Die Estragonblätter zugeben.

Die Tomaten enthäuten, entkernen und in Würfel schneiden. Die Butter in einer Sauteuse schmelzen und die Tomaten darin gut verkochen. Mit Salz abschmecken.

Fertigstellung:

Den Lachs in Blätterteig im vorgeheizten Ofen bei 250°C 8–10 Minuten backen. Die Sauce auf tiefe Teller verteilen, die Lachspäckchen darauf anrichten und mit den geschmolzenen Tomaten garnieren.

Sankt-Petersfisch
in Paprikabutter mit Pfifferlingen
für 4 Personen

Um den Saft für die Paprikabutter zu gewinnen, brauchen Sie einen elektrischen Entsafter

Zutaten:

<u>Paprikabutter</u>

1 kg Paprikaschoten, rot
3 Zitronen, Saft
150 g Butter

<u>Sauce</u>

0,1 l Weißwein
2 cl Noilly Prat
1 Schalotte
½ l Fischfond
¼ l Crème double
½ Zitrone, Saft
Salz

<u>Garnitur</u>

200 g Pfifferlinge
Kerbel
Salz

<u>Sankt-Petersfisch (St. Pierre)</u>

600 g Petersfisch-Filet
Salz
Butter
3 EL Fischfond
1 EL Weißwein

Zubereitung:

Die Paprikaschoten halbieren, entkernen und roh entsaften. Den Paprikasaft mit dem Zitronensaft und ca. 0,2 l Wasser mischen. Dadurch setzen sich innerhalb von Minuten die festen Bestandteile an der Oberfläche ab. Dieses Paprikamark mit einem Schaumlöffel abschöpfen und in 150 g weiche Butter einrühren. Kühl stellen.

Weißwein, Noilly Prat und die feingeschnittene, gewaschene Schalotte kurz ankochen, mit dem Fischfond aufgießen und auf ein Viertel reduzieren. Die Crème double zugeben, nochmals ca. 10 Minuten köcheln lassen, abpassieren und im Mixer aufschlagen.

Die Pilze waschen und putzen.
Den Kerbel zupfen.

Die Fischfilets salzen und in einer flachen, gebutterten Kasserolle mit dem Fond und dem Wein im vorgeheizten Ofen bei ca. 240°C 5 Minuten pochieren.

Fertigstellung:

In die weiße Fischsauce die Paprikabutter einrühren und mit Salz und Zitronensaft abschmecken.
Die Pfifferlinge mit etwas Wasser und wenig Salz leicht dämpfen. Sie sollten kaum gewürzt sein.
Mit der Sauce auf vorgewärmte Teller einen Spiegel gießen und die pochierten Filets darin anrichten. Mit den Pfifferlingen und dem Kerbel garnieren.

Bemerkung:

Beim Sankt-Petersfisch ist besonders wichtig, die Filets nicht zu lange zu garen, da der Fisch leicht trocken wird.

Seeteufel-Medaillons mit „Krause-Glucke"-Pilzen

für 4 Personen

Wenn Sie das Glück haben und beim Pilzesuchen diesem ungewöhnlichen Pilz begegnen, der aussieht wie ein frisch gewaschener Schwamm, dann sollten Sie ihn so verarbeiten. Für mich ist er einer der besten Pilze überhaupt

Zutaten:

<u>Seeteufel-Medaillons</u>

500 g Seeteufelfilets, sauber pariert
Butter
Salz, Pfeffer

<u>„Krause-Glucke"-Pilze</u>

200 g „Krause-Glucke"-Pilze
(auch „Fette Henne" genannt)
80 g Butter
Salz, Pfeffer
1 EL Kerbel, gehackt

0,1 l Fischfond

Zubereitung:

Die Seeteufelfilets in ca. 1,5 cm dicke Scheiben schneiden, in eine flache, ausgebutterte Pfanne einlegen und auf beiden Seiten würzen.

Die Pilze in grobe Stücke zerpflücken, gut waschen und in einer Sauteuse mit der Butter dämpfen. Mit Salz und Pfeffer abschmecken und den Kerbel zugeben.
Sollten die Pilze sehr viel Flüssigkeit abgeben, muß sie abpassiert und eingekocht werden. Diesen Fond kurz im Mixer aufschlagen, um eine saucenartige Konsistenz zu erhalten.
Die Pilze in den Fond zurückgeben.

Fertigstellung:

Den Fischfond zu den Seeteufel-Medaillons in die Pfanne geben, die Fischstücke bei niedriger Temperatur auf dem Herd pochieren.
Die Pilze auf vorgewärmten Tellern anrichten und die abgetropften Fischstücke darauf verteilen.

Seezungenfilets auf Vichy-Karotten und Estragonsauce

für 4 Personen

Bei diesem Gericht ergänzt sich die Süße der Karotten mit der zarten Säure der Sauce besonders gut

Zutaten:

Estragonsauce

0,1 l Weißwein
2 cl Noilly Prat
1 Schalotte
½ l Fischfond
¼ l Crème double
25 g Butter
Salz
einige Tropfen Estragonessig
20 Estragonblätter

Vichy-Karotten

200 g Karotten
0,2 l Mineralwasser
20 g Butter
Salz, Pfeffer
1 Prise Zucker

Seezunge

8 Seezungenfilets
3 cl Fischfond
1 cl Weißwein
Salz

Zubereitung:

Weißwein, Noilly Prat und die feingeschnittene, gewaschene Schalotte ankochen, mit Fischfond aufgießen und auf ein Viertel reduzieren.
Crème double und Butter zu dieser Reduktion geben und nochmals 10 Minuten köcheln lassen. Die Sauce abpassieren, im Mixer aufschlagen, mit Salz und Estragonessig abschmecken. Die feingeschnittenen Estragonblätter zugeben.

Die Karotten schälen und in gleichmäßig dünne Scheiben schneiden. Mit Wasser und Butter in eine Kasserolle geben, kochen lassen, mit Salz, Pfeffer und Zucker abschmecken. Sobald das Wasser verdunstet ist, sollten die Karotten fertig sein.

Die Filets in eine feuerfeste flache Kasserolle legen. Den Fischfond und den Weißwein darübergießen und auf dem Herd kurz ankochen. Die Filets wenden und im vorgeheizten Ofen weitere 3 Minuten garen. Auf einem Tuch abtropfen lassen. Den Fond aufbewahren und für das nächste Fischgericht einfrieren.

Fertigstellung:

Die Karotten auf vorgewärmten Tellern fächerförmig anrichten. Je zwei Filets daraufauflegen und mit der Sauce nappieren.
Nach Belieben mit einigen Estragonblättern garnieren.

Waller-Fricassée mit Meerrettich und Gemüse-Julienne

für 4 Personen

Der Waller ist ein besonders edler und deshalb nicht ganz billiger Süßwasserfisch. Im Norden Deutschlands kennt man ihn eher unter dem Namen Wels

Zutaten:

Waller
1 Waller von 2 kg

Sud
1 Karotte
1 kleines Stück Lauch
1 Stück Staudensellerie
0,2 l Edelzwicker
1 EL Estragonessig
1 l Wasser
Salz

Einlage
50 g Karotten
50 g Staudensellerie
50 g Lauch
Salz

Sauce
6 cl Weißwein, trocken
2 cl Noilly Prat
1 Schalotte
½ l Fischfond
170 g Butter
Salz, Pfeffer

Garnitur
½ Stange Meerrettich
einige Blätter Brunnenkresse

Zubereitung:

Der frisch geschlachtete Waller sollte einen Tag in Eiswasser ruhen, bevor man ihn weiterverarbeitet. Dadurch verliert das Fleisch seine Spannung, es bleibt beim Garen saftiger. Dann wird der Fisch filetiert, enthäutet und in 4 x 4 cm große Stücke geschnitten.

Das Gemüse putzen, waschen und in grobe Würfel schneiden. Mit den übrigen Sudzutaten aufkochen und kräftig salzen.

Karotten, Sellerie und Lauch in feine Streifen schneiden und jedes Gemüse für sich in Salzwasser weichkochen. In einem Sieb abtropfen lassen.

Weißwein, Noilly Prat und die feingeschnittene, gewaschene Schalotte ankochen und mit Fischfond aufgießen. Auf ein Drittel reduzieren und die Butter darin verkochen. Mit Salz, Pfeffer und nach Belieben einem Spritzer Weißwein abschmecken. Im Mixer aufschlagen.

Fertigstellung:

Die Wallerstücke im Sud unterhalb des Siedepunktes 3–5 Minuten pochieren. Herausnehmen und auf einem Tuch trocken tupfen.
Die Gemüse-Julienne zur Sauce geben. Diese auf vorgewärmte Teller verteilen und die Wallerstücke darauf anrichten.

Fortsetzung Seite 114

Von der geschälten Meerrettichstange schaben Sie für jede Portion etwa 5 feine Späne ab und setzen diese zwischen die Fischstücke (das geht am besten mit dem Kartoffelschäler). Mit Brunnenkresse garnieren.

Statt mit Meerrettich und Gemüse-Julienne kann das Waller-Fricassée auch mit einer schnell zubereiteten Sauce serviert werden, die besonders gut zu pochiertem Fisch paßt:

Senfbutter mit grüner Paprikaschote

Zutaten:

1 grüne Paprikaschote
100 g Butter
40 g scharfer grüner Pfeffersenf
Salz
Zitronensaft

Zubereitung:

Die Paprikaschote halbieren, entkernen und zum Schälen 5 Minuten unter dem Grill bräunen, anschließend in kaltes Wasser tauchen. Die Haut abziehen, das Fleisch in kleine Würfel schneiden.

Fertigstellung:

Eine kleine Sauteuse erhitzen, die Butter hineingeben und gut bräunen, den Senf einrühren, mit Salz und Zitronensaft abschmecken, die Paprikawürfel beifügen. Die Senfbutter über die Wallerstücke geben.

Schal- und Krustentiere

Krebse in Sauternes mit jungem Lauch

für 4 Personen

Die kräftigen Flußkrebse aus Deutschland oder Frankreich
vertragen durchaus eine intensive Sauce und aromatisches Gemüse

Zutaten:

Krebse

20 Krebse
Salz

Sauce

280 g Butter
0,7 l Fischfond
1 kleines Stück Staudensellerie
1 kleines Stück Lauch
1 kleine Karotte
1 Tomate
2 Schalotten
1 Knoblauchzehe
0,1 l Chablis
0,15 l Sauternes
(z. B. Château Doisy-Daëne)
0,1 l Edelzwicker
0,1 l Sahne

Garnitur

2 Stangen junger Lauch
3 kleine Karotten
8 Frühlingszwiebeln
Kerbel, gezupft

Zubereitung:

Die Krebse in einem großen Topf in reichlich sprudelnd kochendem Salzwasser 3–4 Minuten garen.
Die Schwänze und Scheren ausbrechen und die Därme entfernen. Die Krebsnasen gut auswaschen und in einem Topf (ca. 20 cm ⌀) mit 200 g Butter und 0,2 l Fischfond ca. 10 Minuten köcheln lassen.

Sellerie, Lauch und Karotte waschen, putzen und grob würfeln. Tomate enthäuten, entkernen und ebenfalls würfeln. Schalotten schälen und halbieren, die ungeschälte Knoblauchzehe ganz leicht andrücken. Alles zu den Krebsnasen geben und nochmals ca. 10 Minuten leise kochen. Sollte sich die Butter in dieser Zeit oben als klare Schicht absetzen, geben Sie 2–3 EL kaltes Wasser dazu.
Nun mit den drei verschiedenen Weinen ablöschen, kurz aufkochen und mit dem verbliebenen 0,5 l Fischfond auffüllen. Um ein Drittel reduzieren, abpassieren, die restlichen 80 g Butter und die Sahne hinzufügen, alles im Mixer aufschlagen.

Die äußeren Häute des Lauchs entfernen und das Weiße in schräge Scheiben schneiden. Die Karotten in ellipsenförmige Stücke von 3 cm Länge tournieren. Die Frühlingszwiebeln putzen und das Grüne abschneiden.
Jedes Gemüse für sich in etwas Salzwasser garen.

Fertigstellung:

Die Krebse in die Sauce geben, in tiefen, vorgewärmten Tellern anrichten und die Gemüse darüber verteilen.
Zum Schluß abgezupfte Kerbelblättchen darüberstreuen.

Ragout von Krebsen, Erbsen und Spargel auf Krebssauce

für 4 Personen

Verwenden Sie für dieses Gericht die kleinen dunklen hiesigen oder französischen Krebse – sie haben mehr Aroma als die hellen aus der Türkei

Zutaten:

Krebse

20 Flußkrebse, lebend
Salz

Sauce

20 g Staudensellerie
20 g Lauch
1 Tomate
200 g Butter
0,7 l Fischfond
1 Knoblauchzehe
Salz
2 Schalotten
2 cl Cognac
6 cl Portwein, süß
3 cl Weißwein, trocken
2 cl Noilly Prat
1 EL Tomatenmark
500 g Sahne

Gemüse

600 g Stangenspargel
Salz
Zitronensaft
Zucker
Weißbrot
200 g frische Gartenerbsen
12 junge Karotten

Zubereitung:

Die Krebse in sprudelnd kochendem Salzwasser 3–4 Minuten garen. Dann die Schwänze und Scheren ausbrechen, die Därme entfernen; die Nasen gut auswaschen und für die Sauce zur Seite stellen.

Sellerie und Lauch waschen und grob würfeln. Tomate enthäuten, entkernen und ebenfalls würfeln. Die Butter mit 0,2 l Fischfond verkochen und im Mixer aufschlagen. In den Topf zurückgeben, die Krebsnasen mit der Knoblauchzehe zugeben, leicht salzen und ca. 10 Minuten köcheln lassen. Alle Gemüse und die geschälten, halbierten Schalotten zugeben, nochmals ca. 10 Minuten leicht kochen. Mit Cognac, Portwein, Weißwein und Noilly Prat ablöschen, Tomatenmark zugeben, kurz durchkochen und mit dem restlichen Fischfond auffüllen.
Auf ein Viertel der gesamten Flüssigkeit reduzieren, die Sahne zugeben und weitere 20 Minuten leicht kochen. Abpassieren und im Mixer aufschlagen.

Den Spargel schälen, dabei die holzigen Endstücke entfernen, die Spargelstangen in etwa 4 cm lange Stücke schneiden, dann in sprudelnd kochendem Salzwasser zusammen mit Zitronensaft, Zucker und einem Stück Weißbrot garen.
Die Erbsen aus der Schale lösen, die Karotten schälen und beides separat in etwas Salzwasser garen.

Fertigstellung:

Die Krebsschwänze in der Sauce erwärmen, mit dieser in tiefen Tellern anrichten und die gegarten Gemüse darüber verteilen. Nach Belieben mit Kerbel garnieren.

Krebse auf Kohlrabigemüse, überbacken

für 4 Personen

Schmeckt besonders gut mit den ersten zarten Kohlrabi des frühen Sommers, die noch keine holzigen Fäden an der Unterseite haben

Zutaten:

Krebse

16–20 Krebse, lebend
Salz

Kohlrabi

4 junge Kohlrabi
¼ l Fond blanc
20 g Butter
Salz
0,1 l Crème double
4 EL Schlagsahne

Zubereitung:

Die Krebse in kochendes Salzwasser geben und darin 3–4 Minuten garen. Dann die Scheren und Schwänze ausbrechen und die Därme entfernen.

Die Kohlrabi schälen und in ca. 3 mm dünne Scheiben schneiden. In Fond blanc mit der Butter weichdünsten und salzen. Die Kohlrabischeiben herausnehmen und den Sud auf ein Minimum reduzieren. Die Crème double zugeben, kurz kochen lassen, die Sauce im Mixer aufschlagen.

Fertigstellung:

Die Schlagsahne unter die Sauce ziehen und die Krebse mit den Kohlrabischeiben damit vermischen. Auf tiefe, feuerfeste Teller verteilen und bei hoher Temperatur im Ofen oder Grill kurz gratinieren, bis sich goldbraune Tupfen gebildet haben.

Hummer-Medaillons in Safransauce mit Tomaten und Broccoliröschen

für 4 Personen

Die besten Hummer kommen von den Küsten des europäischen Nordatlantiks. Sie sind klein, ihre Panzer fast schwarz mit bläulich schimmernden Flecken, und ihr Fleisch ist kernig und fest

Zutaten:

Hummer

1 Stück Lauch
1 Stück Karotte
1 Stück Staudensellerie
1 TL Kümmel
10 Pfefferkörner
4 kleine Hummer à 300–400 g

Safransauce

175 g Butter
2 Zwiebeln, 1 Stück Lauch
1 Stück Karotte
1 Stück Staudensellerie
¼ Fenchelknolle
125 mg Safranfäden
0,15 l Weißwein
4 cl Noilly Prat
1 l Fischfond
1 TL Zitronensaft
Salz, Pfeffer
½ l Crème double
1 Spritzer Riccard oder Pernod

Garnitur

5 Tomaten
20 g Butter
150 g Broccoliröschen
Salz

Zubereitung:

In einem hohen Topf ca. 5 l Wasser mit den übrigen Zutaten zum Kochen bringen, die Hummer einlegen und ca. 6–8 Minuten leicht kochen. Danach noch ca. 6 Minuten am Herdrand ziehen lassen. Gießen Sie ca. 1 l kaltes Wasser dazu und lassen Sie die Hummer noch weitere 15 Minuten in dem lauwarmen Sud ruhen. In dieser Zeit entspannt sich das Muskelfleisch und wird dadurch zarter.

50 g Butter in einer Kasserolle erhitzen und die kleingeschnittenen Gemüse darin anschwitzen, ohne diese Farbe nehmen zu lassen. Die Safranfäden beigeben, mit Weißwein und Noilly Prat ablöschen. Mit Fischfond auffüllen und auf die Hälfte reduzieren. Während des Kochens hin und wieder abschäumen. Salzen und mit Zitronensaft abschmecken. Die restliche kalte Butter und die Crème double zugeben und weitere 10 Minuten köcheln lassen. Abpassieren und im Mixer aufschlagen. Nochmals mit Salz, Pfeffer, Zitronensaft und Riccard oder Pernod abschmecken.

Die Tomaten enthäuten, entkernen und in Würfel schneiden. Mit der erhitzten Butter in einer Kasserolle gut verkochen und salzen. Die Broccoliröschen in Salzwasser nur knapp garkochen.

Fertigstellung:

Schwänze und Scheren der Hummer ausbrechen und die Schwänze in Medaillons von ca. 1 cm schneiden.
2–3 EL Sauce auf vorgewärmte Teller geben, die Medaillons darauf anrichten und mit der restlichen Sauce nappieren. Mit den geschmolzenen Tomaten und den Broccoliröschen garnieren.

Bemerkung:

Die Hummerschalen können gut für die Hummer-Mousse auf Seite 41 verwendet werden.

Hummer auf hausgemachten Nudeln mit Basilikum

für 4 Personen

Hausgemachte frische Nudeln schmecken wunderbar. Nehmen Sie dafür normales Weizenmehl, Type 405, das Sie mit etwas Hartweizengrieß vermischen. Dadurch bekommen die Nudeln einen angenehmen Biß

Zutaten:

Nudeln

250 g Mehl
50 g Hartweizengrieß, grob
3 Eier
20 g Olivenöl
10 g Salz

Sauce

0,1 l Weißwein
2 cl Noilly Prat
½ Schalotte
½ l kräftiger Fischfond
300 g Butter
10 kleine Basilikumblätter
Salz, Pfeffer
Zitronensaft

Hummer

1 Karotte
1 Stück Lauch
1 Stück Staudensellerie
1 Knoblauchzehe
Salz
2 Hummer à 600 g

Zubereitung:

Die gesamten Zutaten miteinander vermengen, und so lange kneten, bis der Teig ganz glatt ist. Abdecken und eine Stunde ruhen lassen. Anschließend den Teig dünn ausrollen und in feine Streifen schneiden. Nochmals eine halbe Stunde antrocknen lassen.

Weißwein und Noilly Prat mit der feingeschnittenen, gewaschenen Schalotte ankochen, mit dem Fischfond auffüllen. Auf die Hälfte reduzieren. Die Butter darin verkochen und die Sauce im Mixer aufschlagen. Die Basilikumblätter zur Sauce geben und gut durchziehen lassen. Mit Salz, Pfeffer und Zitronensaft abschmecken und abpassieren.

In einem hohen Topf reichlich Wasser mit den übrigen Zutaten zum Kochen bringen. Die Hummer einlegen und ca. 6–8 Minuten kochen. Danach noch ca. 6 Minuten am Herdrand ziehen lassen. Geben Sie nun 1 l kaltes Wasser zu und lassen Sie die Hummer noch weitere 15 Minuten im lauwarmen Sud ruhen. In dieser Zeit entspannt sich das Muskelfleisch und wird dadurch zarter. Die Schwänze und Scheren ausbrechen und die Därme entfernen.

Fertigstellung:

Die Nudeln in kochendem Salzwasser ca. 1–2 Minuten garen, abgießen, gut abtropfen lassen und auf vorgewärmte Teller geben. Das Hummerfleisch in Medaillons schneiden und darauf anrichten. Mit der Sauce nappieren.

Bemerkung:

Die Hummerschalen nicht wegwerfen! Sie können sie zum Beispiel für eine Hummer-Mousse (s. S. 41) verwenden.

Muscheln mit Lychees in Currysauce

für 4 Personen

Frische Lychees gibt es in guten Gemüse- oder Feinkostgeschäften. Ihr perlweißes, milchig-durchscheinendes Fleisch sitzt um einen glänzenden braunen Kern und hat eine mattrote dünne, aber feste Schale. Das intensive Parfum der Frucht gibt diesem Gericht etwas Besonderes

Zutaten:

Muscheln

48 Miesmuscheln, frisch

Sud

¼ l Riesling
0,1 l Wasser
1 Schalotte
1 Knoblauchzehe, ungeschält
1 kleiner Zweig Thymian

Sauce

4 cl Weißwein, trocken
2 cl Noilly Prat
1 Schalotte
½ TL Curry
5 cl Muschelsud
¼ l Cremè double
Salz
Zitronensaft
1 EL geschlagene Sahne

Lychees

12 frische Lychees
(notfalls aus dem Glas)

Garnitur

1 rote Paprikaschote
Butter
Salz

Zubereitung:

Die Muscheln unter fließendem Wasser gründlich bürsten und die Bartfäden entfernen.

In einem Topf (ca. 25 cm ⌀) die Sudzutaten zum Kochen bringen, die Muscheln zugeben und zugedeckt 3–5 Minuten kräftig kochen. Den Sud abpassieren und zur Zubereitung der Sauce auf die Seite stellen. Das Muschelfleisch auslösen, dabei nur die geöffneten Muscheln verwenden. Geschlossene Muscheln sind nicht genießbar.

Weißwein und Noilly Prat mit der feingeschnittenen, gewaschenen Schalotte und dem Curry ankochen. Mit dem Muschelsud aufgießen. Auf die Hälfte reduzieren und die Crème double zugeben. Weitere 5–10 Minuten einkochen, abpassieren und im Mixer aufschlagen. Mit Zitronensaft und Salz abschmecken.

Die Früchte schälen und entkernen.

Die Paprikaschote entkernen und enthäuten, indem man die Schote auf einem Stück Alufolie in den auf 200°C erhitzten Ofen legt, bis die Haut Blasen wirft. In Eiswasser tauchen, dann läßt sich die dünne Haut leicht abziehen. Das Paprikafleisch in feine Streifen schneiden und in Butter nicht zu weich dünsten. Mit wenig Salz abschmecken.

Fertigstellung:

Muscheln und Lychees in der Sauce kurz erwärmen, die geschlagene Sahne unterziehen und auf vorgewärmten, tiefen Tellern anrichten. Mit den Paprikastreifen garnieren.

Bemerkung:

Als Beilage empfehle ich Basmati-Reis, einen besonders aromatischen Reis, der als der beste der Welt gilt. Die besonders schlanke Langkornsorte wird in Pakistan und in Bangladesh angebaut. Bei uns ist sie fast nur in guten China-Läden zu finden.

Jakobsmuscheln in Orangen-Basilikum-Butter

für 4 Personen

Wenn Sie – was meist der Fall sein wird – auf gefrorene Jakobsmuscheln zurückgreifen müssen, kaufen Sie nur beste Qualität: weißes, festes Muschelfleisch, mindestens fünfmarkstückgroß, das mit dem orangeroten Corail verpackt ist. Lassen Sie die Muscheln langsam, am besten über Nacht im Kühlschrank, auftauen, damit sie dabei nicht zuviel Saft verlieren

Zutaten:

Jakobsmuscheln

12–16 ganze mittelgroße Jakobsmuscheln
30 g Butter
Salz

Orangen-Basilikum-Butter

1 Orange
6 cl Weißwein
2 cl Noilly Prat
0,4 l Fischfond oder Brühe
200 g Butter
Zitronensaft
Salz
8 kleine Basilikumblätter
10 grüne Pfefferkörner

Zubereitung:

Die Menge der Jakobsmuscheln richtet sich danach, ob die Muscheln als Zwischengericht oder als Hauptgang serviert werden.
Sollten Sie die Jakobsmuscheln in der Schale kaufen, müssen sie aufgebrochen, gesäubert und Muschelfleisch sowie Corail eine Stunde gewässert werden.
Das Muschelfleisch dann herausnehmen, auf einem Tuch trocken tupfen und in 2 cm dicke Scheiben schneiden. Normalerweise erhalten Sie jedoch die Muscheln bei Ihrem Fischhändler bereits so vorbereitet.

Die Orange wie einen Apfel mit dem Messer schälen, so daß nichts von der weißen Haut zurückbleibt. Dann die einzelnen Filets zwischen den Häutchen herausschneiden. Weißwein und Noilly Prat aufkochen und mit Fischfond oder Brühe aufgießen. Auf ein Drittel reduzieren. Die Butter zugeben, verkochen lassen und im Mixer aufschlagen. Mit Salz und Zitronensaft abschmecken. Basilikumblätter, Orangenfilets und Pfefferkörner zugeben, die Orangenfilets in der Sauce etwas zerkleinern. Gut durchziehen lassen, damit die Sauce den Geschmack der Aromaten annimmt.

Fertigstellung:

Eine Sauteuse (möglichst aus Kupfer) schwach erhitzen und 30 g Butter darin schmelzen lassen.
Die Jakobsmuscheln salzen und in der Butter kurz auf beiden Seiten garen, ohne sie Farbe nehmen zu lassen. Auf einem Tuch das Fett abtupfen. Auf vorgewärmten Tellern anrichten und mit der Sauce nappieren.

Langustinenschwänze auf Wirsingblättern mit Rotweinbutter

für 4 Personen

Ein Gericht, das mehr Eindruck als Arbeit macht.
Die beiden Saucen können Sie bereits vorher fertigstellen, dann haben Sie
vor dem Anrichten nur noch wenige Handgriffe zu tun

Zutaten:

Rotweinbutter

½ l Rotwein
⅛ l Portwein, rot
4 Schalotten
150 g Butter
Salz

Fischrahmsauce

5 cl Weißwein
1 cl Noilly Prat
1 Schalotte
¼ l Fischfond
⅛ l Crème double
20 g Butter
Salz

Wirsingblätter

8 Wirsingblätter, gelbe
⅛ l Sahne
Salz
Muskatnuß
Pfeffer

Langustinen

20 Langustinen
Salz

Zubereitung:

Rotwein und Portwein mit den feingeschnittenen und gewaschenen Schalotten auf ein Minimum reduzieren. 5 Minuten zur Seite stellen. Wieder auf dem Herd diese sirupartige Reduktion mit einem Spritzer Rotwein lösen. Nach und nach die Butter einrühren und mit Salz abschmecken. Sollte die Rotweinbutter zu säuerlich schmecken, fügen Sie etwas reduzierten Portwein hinzu.

Weißwein, Noilly Prat und die feingeschnittene, gewaschene Schalotte ankochen und mit Fischfond auffüllen. Auf ein Viertel reduzieren, die Crème double und die Butter zugeben, nochmals ca. 10 Minuten köcheln lassen. Die Sauce abpassieren und im Mixer kräftig aufschlagen. Mit Salz abschmecken.

Die Wirsingblätter ohne Strunk in 2x2 cm große Stücke schneiden und in leicht gesalzenem Wasser kurz garen. Abgießen, auf einem Tuch trocken tupfen und in der Sahne erhitzen. Mit Salz, Pfeffer und Muskat würzen.

Die Langustinenschwänze ausbrechen, die Därme entfernen, die Langustinen leicht waschen. In Salzwasser unterhalb des Siedepunktes ca. 3–5 Minuten ziehen lassen.

Fertigstellung:

Den Wirsing in der Mitte der vorgewärmten Teller anrichten, die gegarten Langustinen daraufsetzen und, wie auf dem Foto abgebildet, mit den beiden Saucen nappieren.

Langustinen in Karotten-Nage mit Kapuzinerkresse

für 4 Personen

Eine Nage ist in der Küchensprache ein klarer Gemüsesud, in dem Krusten- oder Schaltiere gegart oder auch nur serviert werden. In diesem Rezept wird die Nage jedoch mit Butter gebunden. Die Kapuzinerblüten sind nicht nur optisch attraktiv, sondern schmecken auch köstlich und intensiv

Zutaten:

Langustinen

16 Langustinen
Salz

Karotten-Nage

200 g große Karotten
Salz
200 g Butter
5 cl Weißwein, trocken
2 cl Noilly Prat
1 Schalotte
0,8 l Fischfond
Pfeffer

Garnitur

Blüten und Blätter von Kapuzinerkresse

Zubereitung:

Langustinenschwänze ausbrechen und die Därme entfernen. Die Scheren in Salzwasser 6–8 Minuten kochen und ausbrechen.

Aus den Karotten erbsengroße Kugeln ausstechen oder eine Karotte in feine Würfel schneiden; in etwas Salzwasser blanchieren und auf die Seite stellen. Aus den grob zerschnittenen Karottenresten mit ca. 2 Eßlöffel Butter und 0,4 l Wasser einen Sud kochen und abpassieren.

Weißwein, Noilly Prat und die feingeschnittene, gewaschene Schalotte ankochen und mit dem Fischfond auffüllen. Auf die Hälfte reduzieren, den Karottensud und die restliche Butter zugeben und nochmals kurz aufkochen lassen. Die Sauce abpassieren und im Mixer aufschlagen. Mit Salz und Pfeffer abschmecken.

Fertigstellung:

Die Langustinen in leicht siedendem Wasser ca. 3 Minuten garen und auf einem Tuch abtropfen lassen. Mit den Scheren, den Karottenkugeln, den gewaschenen Kapuzinerblüten und -blättern in die Sauce geben. Auf tiefen, vorgewärmten Tellern anrichten und servieren.

Bemerkung:

Langustinen sollten Sie nur kaufen, wenn sie hundertprozentig frisch sind. Die Frische erkennt man so: Wenn Sie den Schwanz vom Körper trennen, spritzt Meerwasser heraus.

Fleisch und Innereien

Grenadin vom Kalb mit Roquefort-Sauce

für 4 Personen

Unter der Bezeichnung Grenadin versteht man in der klassischen Küche gleichmäßig geschnittene runde Fleischscheiben. Früher wurden sie sogar gespickt

Zutaten:

Roquefort-Sauce

0,1 l Weißwein
3 cl Noilly Prat
1 Schalotte
½ l Fond blanc
¼ l Crème double
50 g Butter
40 g Roquefort (nicht zu alt)
Salz, Pfeffer
Zitronensaft

Garnitur

30 g Lauch
30 g Karotten
30 g Staudensellerie
Salz
1 EL Schnittlauch

Kalbsfilet

600 g Kalbsfilet
Salz
Mehl
Olivenöl zum Anbraten
30 g Butter

Zubereitung:

Weißwein und Noilly Prat mit der feingeschnittenen, gewaschenen Schalotte ankochen, mit Fond blanc auffüllen und auf ein Viertel reduzieren. Crème double zugeben, ca. 10 Minuten köcheln lassen und abpassieren. Wieder auf den Herd zurückstellen, die Butter zugeben und verkochen lassen.
Den Roquefort durch ein feines Sieb streichen und ebenfalls einrühren. Mit Salz, Pfeffer, Zitronensaft abschmecken und im Mixer aufschlagen.

Die Gemüse in feine Julienne schneiden und jede Sorte für sich in etwas Salzwasser garen, abgießen und auf einem Tuch abtropfen lassen.

Das Kalbsfilet in 2 cm dicke Scheiben schneiden. Etwas flach klopfen, salzen und leicht mehlieren. In einer Eisenpfanne das Olivenöl nicht zu stark erhitzen, die Medaillons auf beiden Seiten kurz anbraten, ohne sie Farbe nehmen zu lassen. Das Öl abgießen, die Butter beigeben und die Filets bei milder Hitze 2 Minuten garen, so daß sie durchgebraten, jedoch noch saftig sind.

Fertigstellung:

Etwas Sauce auf vorgewärmte Teller geben, die Filetscheiben auf einem Tuch trocken tupfen und pfeffern. Auf dem Saucenspiegel anrichten.
Der übrigen Sauce die Gemüse-Julienne beigeben und die Kalbsfilets damit nappieren.
Den feingeschnittenen Schnittlauch darüberstreuen.

Bemerkung:

Ich empfehle als Beilage dazu hausgemachte Nudeln und pochierte Birnenscheiben.

Kalbsröllchen mit Nieren gefüllt auf Schnittlauchsauce

für 4 Personen

Ganz frische Nieren erkennen Sie daran, daß das sie umschließende Häutchen noch feucht glänzt, daß nichts angetrocknet ist

Zutaten:

Füllung

1 kleine Kalbsniere
6 Egerlinge
20 g Butter
3 Schalotten
1 EL Petersilie
2 EL Semmelbrösel, frisch
1 Eigelb
Salz, Pfeffer

Kalbsröllchen

8 dünne Kalbsschnitzel à ca. 60 g
20 g Butter
Salz

Schnittlauchsauce

2 EL Weißwein
1 Schalotte
0,4 l Fond blanc
150 g Butter
1 EL Schnittlauch
Salz, Pfeffer

Zubereitung:

Die Niere von Fett und Harnsträngen sorgfältig säubern und in kleine, dünne Scheibchen schneiden. Egerlinge fein würfeln. Die Butter in einer Kasserolle erhitzen und die Nieren darin kurz ansautieren. Leicht würzen und aus der Butter nehmen. In diesem Topf die feingeschnittenen, gewaschenen Schalotten und die Egerlinge anschwitzen. Auf einem Sieb abtropfen lassen. Die Nieren mit den Pilzen, der feingeschnittenen Petersilie, den frisch geriebenen Semmelbröseln und dem Eigelb vermischen, mit Salz und Pfeffer abschmecken.

Die dünn geklopften Schnitzel salzen und mit der gut durchgemischten Nierenmasse bestreichen. Einrollen und mit Zahnstochern schließen.

Den Weißwein mit der feingeschnittenen und gewaschenen Schalotte ankochen, mit dem Fond blanc aufgießen und auf die Hälfte reduzieren. Die Butter in dieser Reduktion verkochen, abpassieren und im Mixer aufschlagen. Den feingeschnittenen Schnittlauch beigeben, mit Salz und Pfeffer abschmecken.
Die Sauce sollte beim Abschmecken etwas kräftig erscheinen, da sie sonst mit dem Fleisch zusammen zu fade schmecken würde.

Fertigstellung:

Die Kalbsröllchen in heißer Butter kurz auf allen Seiten anbraten, anschließend im vorgeheizten Ofen bei 240°C 5 Minuten weitergaren. Bei geöffneter Ofentür weitere 5 Minuten ruhen lassen.
Die Sauce, wenn nötig, nochmals erhitzen, jedoch nicht kochen lassen. Die Kalbsröllchen auf Tellern anrichten und mit der Sauce nappieren.

Kalbsbries auf hausgemachten Nudeln mit Basilikum

für 4 Personen

Was für alle Innereien gilt, ist beim Bries besonders wichtig: nur ganz frisches weißes, aus großen Nüssen bestehendes Bries verwenden – am Schlachttag kaufen!

Zutaten:

Nudeln

250 g Mehl
50 g Hartweizengrieß, grob
3 Eier
20 g Olivenöl
10 g Salz

Kalbsbries

500 g Kalbsbries
Butter zum Braten
Salz, Pfeffer

Sauce

0,1 l Weißwein
2 cl Noilly Prat
½ Schalotte
½ l kräftiger Geflügelfond
oder Fond blanc
300 g Butter
10 kleine Basilikumblätter
Salz, Pfeffer
Zitronensaft

Zubereitung:

Die gesamten Zutaten miteinander vermengen und so lange kneten, bis der Teig ganz glatt ist. Abdecken und eine Stunde ruhen lassen. Anschließend den Teig dünn ausrollen und in feine Streifen schneiden. Eine halbe Stunde antrocknen lassen.

Das Kalbsbries eine halbe Stunde wässern, mit einem kleinen, scharfen Messer enthäuten und in Scheiben schneiden.

Weißwein und Noilly Prat mit der feingeschnittenen und gewaschenen halben Schalotte ankochen lassen, mit Geflügelfond auffüllen und auf ein Drittel reduzieren. Die Butter zugeben, verkochen lassen und die Sauce im Mixer aufschlagen. Die Basilikumblätter zur Sauce geben und darin ziehen lassen. Mit Salz, Pfeffer und Zitronensaft abschmecken.

Fertigstellung:

Die Nudeln in kochendem Salzwasser 2 Minuten garen, abgießen. Das Kalbsbries in Butter anbraten. Für 3–4 Minuten in den vorgeheizten Ofen schieben, salzen, pfeffern und auf einem Tuch abtropfen lassen. Die Nudeln auf Tellern anrichten. Das gebratene Kalbsbries einsetzen und mit der Sauce nappieren.

Kalbshirn in Schnittlauchsauce

für 4 Personen

Das Säubern des Hirns macht ein wenig Mühe –
gehen Sie dabei unbedingt ganz exakt und sorgfältig vor

Zutaten:

Hirn

600 g Kalbshirn
1 Lorbeerblatt
0,1 l Weißwein
1 kleine Zwiebel
1 Stück Staudensellerie
1 Stück Lauch
1 Karotte
5 Pfefferkörner
1 l Wasser
Salz

Sauce

2 EL Weißwein
1 Schalotte
0,4 l Consommé
150 g Butter
1–2 EL Schnittlauch
Salz, Pfeffer
Weißwein zum Abschmecken

Zubereitung:

Das Hirn in lauwarmem Wasser etwa eine Stunde wässern, unter fließendem Wasser die Haut abziehen und das Blut sorgfältig abwaschen.
In einem hohen Topf das Wasser mit den übrigen Zutaten zum Kochen bringen, die Hitze reduzieren und das Kalbshirn einlegen.
Ca. 8–10 Minuten köcheln lassen.

Den Weißwein mit der feingeschnittenen, gewaschenen Schalotte ankochen, mit Consommé auffüllen und auf die Hälfte reduzieren. Die Butter zugeben, verkochen lassen, die Sauce abpassieren und im Mixer aufschlagen.
Den feingeschnittenen Schnittlauch hinzufügen, mit Salz, Pfeffer und einem Spritzer Weißwein abschmecken.
Nach Belieben können Sie auch blanchierte Gemüse-Julienne beigeben.

Fertigstellung:

Das Hirn aus dem Sud nehmen, auf einem Tuch abtropfen lassen und auf vorgewärmten Tellern anrichten. Mit der Sauce nappieren.

Bemerkung:

Sollte die Consommé nicht sehr kräftig sein, müssen Sie etwas mehr davon nehmen und stärker reduzieren.

Ich empfehle als Beilage frische Artischockenböden, kurz in Zitronenwasser gegart und blättrig geschnitten. Am besten nehmen Sie die großen Artischocken, die im Spätsommer aus der Bretagne zu uns kommen.

Kalbsnieren in Rotweinsauce mit Petersilienpüree

für 4 Personen

Kalbsnieren sollten am Schlachttag verarbeitet und gegessen werden, sie entwickeln sonst rasch einen strengen Geschmack

Zutaten:

Rotweinsauce

300 g rote Zwiebeln
60 g Butter
1 Prise Zucker
1 Lorbeerblatt
1 kleiner Zweig Rosmarin
1 kleiner Zweig Thymian
2 Knoblauchzehen
10 g Pfefferkörner
¼ l Rotwein
½ l brauner Kalbsfond
Salz, Pfeffer

Petersilienpüree

200 g krause Petersilie, gezupft
40 g Blattpetersilie, gezupft
50 g Spinat, ohne Stiele
1 Schalotte
50 g Butter
½ l Crème double
Salz, Pfeffer

Kalbsnieren

2 Kalbsnieren
Öl zum Anbraten
20 g Butter
2 Schalotten
Salz, Pfeffer

Zubereitung:

In einem hohen Topf die geschälten und in grobe Würfel geschnittenen Zwiebeln mit 20 g Butter und einer Prise Zucker leicht glacieren. Kräuter und Gewürze beigeben, mit Rotwein ablöschen. Bei schwacher Hitze langsam auf ein Minimum reduzieren.
Mit dem braunen Kalbsfond auffüllen und nochmals ca. 20 Minuten kochen lassen.
Abpassieren und die restliche Butter einschwenken.
Mit Salz und Pfeffer würzen.

Petersilie und Spinat waschen, blanchieren und in Eiswasser abschrecken. Gut ausdrücken und hacken. Die feingeschnittene und gewaschene Schalotte in 20 g Butter andünsten, ohne sie Farbe nehmen zu lassen. Petersilie und Spinat zugeben, mit Crème double aufgießen, aufkochen lassen und auf die Hälfte reduzieren. Alles im Mixer pürieren, mit Salz und Pfeffer abschmecken.
Kurz vor dem Servieren die restlichen 30 g Butter zugeben und unter ständigem Rühren erhitzen.

Die Nieren in einzelne Nüßchen schneiden, dabei Fett und Harnstränge sorgfältig entfernen. In heißem Öl kurz ansautieren, auf einem Sieb das Fett abtropfen lassen.
In derselben Pfanne die Butter erhitzen und die feingeschnittenen, gewaschenen Schalotten darin anschwitzen. Die Nieren nochmals darin ansautieren, mit Salz und Pfeffer würzen.

Fertigstellung:

Das Petersilienpüree in der Mitte des Tellers anrichten, die Nieren kreisförmig um das Püree legen und mit der Sauce nappieren.

Lendenschnitten mit Mark auf Mangold

für 4 Personen

Fragen Sie Ihren Metzger nach Lendenschnitten vom Ochsen, sie haben ein besonders zartes und geschmackvolles Fleisch. Es ist von zarten Fettadern durchzogen, die dem Fleisch Saft und Kraft geben

Zutaten:

Lendenschnitten

4 Lendenschnitten
Olivenöl zum Braten
Salz, Pfeffer

Mark

4 Markknochen
Salz, Pfeffer
1 EL Schnittlauch

Mangold

1 kg Mangold, ungeputzt
100 g Butter
½ l Fond blanc
Salz
Muskatnuß

Cherry-Tomaten

12 Cherry-Tomaten
(Kirschtomaten)
Salz
10 g Butter

Sauce

5 cl Rotwein
1 cl Madeira
0,2 l Kalbsfond, braun
10 g Butter
Salz, Pfeffer

Zubereitung:

Das Mark aus den Knochen lösen, 20 Minuten wässern und in Scheiben schneiden.

Vom Mangold die Blätter entfernen und einige junge zur Seite legen. Die Stiele schälen und in ca. 5 cm lange Stücke schneiden.
Die Butter in einer Sauteuse schmelzen und die Mangoldstücke darin anschwitzen. Den Fond blanc zugeben und das Gemüse darin weichdämpfen. Mit Salz und Muskat abschmecken.
Die Mangoldstücke mit einem Schaumlöffel herausnehmen. Die verbleibende Flüssigkeit auf ein Minimum reduzieren. Die jungen Mangoldblätter in feine Streifen schneiden, kurz blanchieren und mit den Gemüsestücken in der Sauce vermischen.

Die Tomaten enthäuten, salzen und in einer Sauteuse mit der Butter etwa 3–4 Minuten im vorgeheizten Ofen bei 200°C garen.

Rotwein und Madeira zusammen auf die Hälfte reduzieren, mit dem Kalbsfond auffüllen, nochmals auf ein Drittel einkochen und mit der Butter binden. Mit Salz und Pfeffer abschmecken.

Fertigstellung:

In heißem Olivenöl die Lendenschnitten rosa braten und würzen.
Die Markscheiben in kochendem Salzwasser blanchieren, herausnehmen, mit Salz, Pfeffer und Schnittlauch würzen.
Das Mangoldgemüse auf vorgewärmten Tellern anrichten, die Lendenschnitten daraufsetzen, mit den Cherry-Tomaten und den Markscheiben garnieren. Mit der Sauce beträufeln.

Gefüllter Ochsenschwanz

für 4 Personen

Denken Sie bitte daran, den Metzger rechtzeitig zu bitten, Ochsenschwänze unzerteilt für Sie aufzuheben. Sie müssen sie zu Hause behutsam durchtrennen, so daß keine Knochensplitter im Fleisch stecken bleiben

Zutaten:

Ochsenschwanz

2 Ochsenschwänze
Öl zum Anbraten
0,1 l Brühe

Marinade

300 g rote Zwiebeln
150 g Staudensellerie
200 g Karotten
2 Lorbeerblätter
1 EL Pfefferkörner
3 Thymianzweige
3 Nelken
10 Petersilienstengel
1 Knoblauchzehe, ungeschält
4 cl Olivenöl
1,5 l Rotwein

Sauce

10 g getrocknete Steinpilze
400 g Tomatenfleisch
130 g Butter
1 l brauner Kalbsfond (Jus)
Salz

Grießfüllung

½ l Milch
50 g Butter
Salz, Muskatnuß
100 g Grieß
2 Eigelb
2 EL Parmesan, gerieben

Zubereitung:

Die Ochsenschwänze in die einzelnen Glieder teilen, indem man sie zwischen den Wirbeln mit einem schweren, scharfen Messer durchschneidet. Nebeneinander in ein passendes Gefäß setzen und mit den Zutaten für die Marinade bedecken. (Die roten Zwiebeln, Staudensellerie und Karotten vorher putzen und in grobe Würfel schneiden.) Mindestens 12 Stunden marinieren.
Das Fleisch aus der Marinade nehmen und mit einem Tuch gut abtrocknen. Salzen. Die Marinadenflüssigkeit abpassieren und zur späteren Verwendung auf die Seite stellen. Das Gemüse gut abtropfen lassen.

Die Ochsenschwanzstücke in einer Pfanne mit etwas Öl anbraten, anschließend in einen großen Topf (mindestens 35 cm ⌀) oder einen Bräter setzen. Das Marinadengemüse ebenfalls anbraten und mit den Steinpilzen darüber verteilen. Das gewürfelte Tomatenfleisch in 30 g Butter ansautieren und ebenfalls zugeben. Mit dem Kalbsfond und der Marinadenflüssigkeit aufgießen und zugedeckt bei 200°C im vorgeheizten Ofen garen.
Wenn das Fleisch so weich ist, daß es sich leicht vom Knochen löst (nach etwa 2 Stunden), herausnehmen und abkühlen lassen. Den Garsud abpassieren und in einem anderen Topf auf ca. ½ l Flüssigkeit einkochen. Mit der restlichen Butter binden und mit Salz abschmecken.

Mit einem spitzen Messer die Knochen auslösen, ohne den äußeren Rand des Fleisches zu durchtrennen. Die Fleischteile nebeneinander in eine große flache Kasserolle setzen.

Die Milch mit Butter, Salz und Muskat zum Kochen bringen. Den Grieß langsam einstreuen. Unter ständigem Rühren gut ausquellen lassen. Vom Herd nehmen und das Eigelb mit dem Käse einrühren. Die Fleischringe in der Kasserolle mittels eines Spritzbeutels ohne Tülle mit dem Grieß füllen.

Fortsetzung Seite 143

Garnitur

150 g Frühlingszwiebeln, geputzt
150 g Blumenkohl, geputzt,
in kleinen Röschen
150 g junge Karotten, geputzt
Salz

Die Gemüse, jeweils für sich, in wenig Salzwasser garen, abgießen und über das Fleisch verteilen.

Fertigstellung:

Die Brühe zu den Fleischstücken in die Kasserolle geben und diese zugedeckt für etwa 10 Minuten in den auf 200°C vorgeheizten Ofen schieben, um die gefüllten Ochsenschwänze mit den Gemüsen zu erhitzen.

Anschließend auf vorgewärmten Tellern anrichten und mit der heißen Sauce übergießen.

Rinderfilet auf Schalottenbutter

für 4 Personen

Tief dunkelrot sollte das Rinderfilet aussehen, dann ist es schön abgehangen.
Wenn es dann noch hauchzart von weißen Fettadern durchzogen ist – marmoriert –,
dann haben Sie gute Steaks bekommen

Zutaten:

Sauce

2 cl Weißwein
0,4 l Consommé
170 g Butter
8 Schalotten
1 EL Schnittlauch
Salz, Pfeffer

Rinderfilet

8 Scheiben Rinderfilet à 60 g
Salz
Olivenöl zum Braten
30 g Butter
Pfeffer
8 Scheiben Rindermark,
in Würfel geschnitten

Zubereitung:

Den Weißwein kurz ankochen, mit Consommé aufgießen und auf ein Viertel reduzieren. Die Butter darin verkochen und im Mixer aufschlagen.
Schalotten schälen, in feine Würfel schneiden und waschen. Dann in frischem Wasser ca. 3 Minuten dünsten. Das Waschen und separate Dünsten ist notwendig, damit der Schalottengeschmack nicht zu aufdringlich vorherrscht. Die Schalotten abpassieren und auf einem Tuch abtrocknen. Anschließend mit dem feingeschnittenen Schnittlauch zur Sauce geben und mit Salz und Pfeffer abschmecken.

Das Öl in einer großen Pfanne stark erhitzen, die Filetscheiben salzen, jedoch nicht pfeffern und auf beiden Seiten rasch anbraten. Fett abgießen, die Butter zugeben und bei reduzierter Hitze rosa braten. Pfeffer aus der Mühle darübergeben.

Fertigstellung:

Mit der Schalottenbutter auf vorgewärmten Tellern einen Spiegel gießen und die Filetscheiben darauf anrichten.
Das in Würfel geschnittene Rindermark kurz in heißem Wasser blanchieren, würzen und auf das Filet geben.

Rinderfilet
mit rotem und grünem Paprika
für 4 Personen

Die dicken, fleischigen Paprika aus Italien sind aromatischer
als die Schoten aus holländischen Treibhäusern

Zutaten:

<u>Rinderfilet</u>

500 g Rinderfilet am Stück
Öl und Butter zum Braten
Salz, Pfeffer

<u>Paprika</u>

1 grüne Paprikaschote
1 rote Paprikaschote
Öl zum Enthäuten
20 g Butter

<u>Sauce</u>

0,1 l Weißwein
2 Schalotten
3 Champignons
2 TL Paprikapulver, edelsüß
1 Messerspitze Tomatenmark
½ l Fond blanc
⅛ l Crème double
120 g Butter
1 TL Estragon
1 TL Kerbel
1 TL Petersilie
1 TL Schnittlauch
Cayennepfeffer
Salz, Pfeffer
3 TL Zitronensaft
2 EL geschlagene Sahne

Zubereitung:

Die Paprikaschoten enthäuten, indem man sie kurz in
heißes Öl taucht und anschließend in kaltem Wasser
abschreckt (siehe auch Seite 126).
Die Schoten entkernen, in Streifen schneiden und kurz in
Butter ansautieren. Auf einem Sieb abtropfen lassen.

Den Weißwein mit den feingeschnittenen und gewaschenen
Schalotten ankochen, die kleingeschnittenen Champignons,
das Paprikapulver und das Tomatenmark zugeben. Mit
dem Fond blanc aufgießen und auf ein Fünftel reduzieren.
Abpassieren und mit der Sahne auffüllen. Nochmals
aufkochen, die Butter darin schmelzen lassen und kräftig
im Mixer aufschlagen. Die Kräuter fein hacken und die
Sauce damit verfeinern. Die ansautierten Paprikastreifen
zugeben, mit den Gewürzen und dem Zitronensaft
abschmecken.

Fertigstellung:

Das Rinderfilet in acht gleichmäßig große Scheiben
schneiden, salzen und in sehr heißem Öl von beiden Seiten
kurz anbraten. Das Öl abgießen, die Butter zugeben und
die Filetscheiben rosa braten. Auf einem Tuch das überschüssige Fett abtupfen und pfeffern.

Die geschlagene Sahne unter die Sauce ziehen. Auf jedem
Teller etwas Sauce verteilen und die Filetscheiben darauf
anrichten.

Zickleinkeule auf Steinpilz-Risotto

für 4 Personen

Die getrockneten Steinpilze, die Sie für den Risotto brauchen, mit nur so viel kochendem Wasser überbrühen, daß sie gerade bedeckt sind, und eine halbe Stunde einweichen. Den Sud dann durch ein Sieb filtern und zum Angießen des Risotto verwenden

Zutaten:

Zicklein

1 kg Zickleinkeule, ausgelöst
Salz
3 Zwiebeln
2 Karotten
2 Stangen Staudensellerie
1 Stange Lauch
80 g Butter
2 Basilikumblätter
10 Pfefferkörner
Öl zum Braten
5 cl Weißwein
0,1 l Kalbsfond, braun

Risotto

1 Schalotte
Olivenöl
200 g Risotto-Reis
(Vialone oder Avorio)
10 g getrocknete Steinpilze
5 cl Weißwein
ca. ½–1 l Consommé
140 g Butter
80 g Parmesan
Salz, wenn nötig
Weißwein

Zubereitung:

Die ausgelösten Keulenteile von Haut und Sehnen befreien und salzen. Gemüse putzen, in grobe Würfel schneiden. In einer möglichst flachen Kupfersauteuse mit der Butter, dem Basilikum und den Pfefferkörnern kurz anschwitzen. In einer zweiten Pfanne Öl erhitzen und das Zickleinfleisch auf allen Seiten anbraten. Herausnehmen und auf das Gemüse legen. Ca. 10 Minuten im vorgeheizten Ofen bei 240°C garen. Mit Weißwein ablöschen, diesen verdampfen lassen, Kalbsfond zugeben und weitere 15 Minuten im Ofen dünsten.

In der Zwischenzeit die feingeschnittene und gewaschene Schalotte in wenig Öl anschwenken, den Reis und die eingeweichten Steinpilze (ohne Flüssigkeit) zugeben und ebenfalls anschwitzen. Mit Weißwein ablöschen.

Es ist unterschiedlich, wieviel Flüssigkeit der Reis aufnimmt. Deshalb gibt man die Brühe nach und nach unter ständigem Rühren zu und läßt den Reis darin leise kochend, ohne Deckel, ausquellen.
Wenn er gar ist und den größten Teil der Flüssigkeit aufgenommen hat, die Butter und den geriebenen Parmesan einrühren und, wenn nötig, mit Salz und einem Spritzer Weißwein abschmecken.

Der Risotto sollte nicht trocken wie andere Reisgerichte, sondern dickflüssig sein. Gegebenenfalls kann noch Brühe zugegossen werden.

Fertigstellung:

Das Zickleinfleisch aus dem Topf nehmen und die Sauce abpassieren.
Das Fleisch in Scheiben schneiden, mit dem Risotto auf vorgewärmten Tellern anrichten und mit etwas Sauce begießen.

Zickleinkeule, gebraten, auf Frühlingsgemüsen

für 4 Personen

Das Zicklein sollte nicht älter als sechs bis acht Wochen sein.
Sie müssen es bei Ihrem Händler sicher vorbestellen, er wird es nicht vorrätig haben

Zutaten:

Zickleinkeule

1 Zickleinkeule von ca. 1 kg
Salz, Pfeffer
Olivenöl zum Anbraten
Parüren von der Keule
1 Karotte
1 Stück Staudensellerie
1 Zwiebel
7 cl Weißwein
0,2 l Kalbsfond, braun
5 Basilikumblätter
40 g Butter

Garnitur

10 Frühlingszwiebeln
10 junge Karotten
5 Petersilienwurzeln
Kapuzinerbart
kleine weiße Rüben (Navets)
100 g Butter
Salz

Zubereitung:

Den Beckenknochen von der Keule trennen, die Keule selbst sorgfältig parieren. Die Parüren aufbewahren. Die Zickleinkeule würzen und mit etwas Öl in einem Bräter auf der Herdplatte auf allen Seiten anbraten. Die Parüren und den Beckenknochen beigeben und für ca. 20 Minuten bei 240°C im Ofen braten. Das geputzte und grob gewürfelte Gemüse zugeben und bei reduzierter Hitze weitere 25 Minuten im Ofen schmoren. Dabei ständig mit dem entstandenen Saft oder zusätzlich mit einem Teil des angegebenen Fonds begießen.
Das Fleisch aus dem Bräter nehmen, diesen auf die Herdplatte stellen und Weißwein, Kalbsfond, Basilikum und Butter zugeben. Etwa 5 Minuten leicht kochen lassen und dann abpassieren.

Die Gemüse putzen und jede Sorte für sich mit ca. 30 g Butter und wenig Salzwasser weichdämpfen.

Fertigstellung:

Die Keule auf einer Platte anrichten, die Gemüse darüber verteilen und die Sauce getrennt dazu reichen.

Lammrücken in Wirsingblättern

für 4 Personen

Ein ideales Essen für Gäste: Sie können alle zeitraubenden Arbeiten schon vorher erledigen und brauchen dann die fertigen Päckchen nur noch in den Ofen zu schieben

Zutaten:

Lammrücken

400 g Lammrücken, ausgelöst und pariert
Olivenöl zum Braten
200 g Schweinenetz
Salz, Pfeffer
1 Thymianzweig

Farce

50 g Lammfleisch
50 g mageres Schweinefleisch
80 g Crème double
Salz, Pfeffer
100 g Egerlinge
1 EL Butter

Wirsing

200 g Wirsingblätter
20 g Butter
1 cl Sahne
Salz, Pfeffer
Muskatnuß

Sauce

¼ l Lammfond, braun
1 Knoblauchzehe, ungeschält
1 Thymianzweig
30 g Butter

Zubereitung:

Den Lammrücken in sehr heißem Öl auf allen Seiten kurz anbraten. Auf einem Gitter erkalten lassen.

Lamm- und Schweinefleisch salzen und zusammen im Blitzhacker fein cuttern. Sobald eine Bindung entstanden ist, die Crème double einarbeiten und mit Salz und Pfeffer abschmecken.
Egerlinge putzen, waschen und fein würfeln. In der Butter ansautieren, ebenfalls würzen und auf einem Tuch trocken tupfen. Die erkalteten Pilzwürfel zur Farce geben.

Die einzelnen Blätter in kochendem Salzwasser blanchieren. Die Strünke herausschneiden und die Blätter auf einem Tuch gut abtrocknen. In einem großen flachen Topf die Butter und die Sahne erhitzen, würzen und die Kohlblätter darin wenden, damit sie Geschmack bekommen. Erkalten lassen.

Lammfond mit der ungeschälten Knoblauchzehe und dem Thymianzweig auf die Hälfte reduzieren, abpassieren und mit der Butter binden.

Fertigstellung:

Das Schweinenetz in Vierecke von 15 x 20 cm schneiden, die Wirsingblätter darauf auslegen, so daß ringsum ein Rand von 1 cm bleibt. Mit der Farce dünn bestreichen. Die Lammstücke mit Salz, Pfeffer und etwas Thymian würzen und erst mit den Wirsingblättern, dann mit dem Schweinenetz umhüllen. Im vorgeheizten Ofen bei 240°C 10 Minuten braten, dann außerhalb des Ofens noch 4 Minuten ruhen lassen. Die Lammrückenstücke in ca. 1 cm dicke Scheiben schneiden und auf vorgewärmten Tellern anrichten. Mit der Sauce umgießen.

Pochierte Lammkeule in Kapernsauce

für 4 Personen

Lassen Sie zum Pochieren die Fettschicht der Lammkeule daran und schneiden Sie sie erst nachher, vor dem Servieren, ab. Sie erhält das Fleisch saftig

Zutaten:

Lammkeule

1 Lammkeule à 2 kg
3 l Wasser
1 Karotte
1 Zwiebel
1 Stück Staudensellerie
1 Stück Lauch

Sauce

200 g Butter
⅛ l Crème double
Salz, Pfeffer
2 EL Kapernessig
1 TL Estragonessig
1 EL Kapern

Zubereitung:

Die Lammkeule ca. 6–12 Stunden wässern, um eventuelle Blutreste zu entfernen. In einem Topf 3 l Wasser mit den gewaschenen, geputzten Gemüsen aufkochen und die Keule einlegen. Bei reduzierter Hitze ca. 75 Minuten leise kochen lassen. Anschließend 1 l Kochsud abpassieren und zur Saucenzubereitung verwenden.

Die Lammbrühe auf ein Drittel reduzieren, Butter und Crème double zugeben und nochmals ca. 5–10 Minuten leise kochen. Salzen, pfeffern und beide Essigsorten zugeben. Die Sauce im Mixer kräftig aufschlagen. Die Kapern zugeben.

Fertigstellung:

Die Lammkeule vom Knochen weg in dünne Scheiben schneiden. Auf vorgewärmten Tellern anrichten und mit der Sauce nappieren.

Bemerkung:

Nach Ablauf der Kochzeit sollte die Keule noch 35 Minuten in der Brühe ruhen. Dadurch wird das Fleisch zarter.
Als Beilage zur Lammkeule empfehle ich Rösti oder Salzkartoffeln.

Lammkoteletts in Blätterteig

für 4 Personen

Damit die Päckchen hübsch aussehen, sollten Sie die Koteletts sehr sauber parieren, also auch den Knochenstiel sorgfältig von Fett und Sehnen befreien und vollständig abkratzen

Zutaten:

Farce

100 g Egerlinge
1 EL Butter
100 g Kalbfleisch
80 g Sahne
Salz, Pfeffer

Lammkoteletts

4 Lammkoteletts à 80 g
Salz
Öl zum Braten
Pfeffer
2 Thymianzweige
250 g Spinat,
möglichst große Blätter
150 g Blätterteig
(s. S. 257 oder tiefgefroren)
1 Eigelb zum Bestreichen

Zubereitung:

Die Egerlinge waschen, putzen und in sehr kleine Würfel schneiden. In Butter ansautieren, bis der Saft verdunstet ist. Abkühlen lassen. Das gut gekühlte Kalbfleisch salzen und dreimal durch die feine Scheibe des Fleischwolfes drehen. Mit der Sahne verrühren, die kalten, kleingeschnittenen Egerlinge damit vermischen und die Farce mit Salz und Pfeffer abschmecken. Im Kühlschrank erkalten lassen. Die Farce sollte eine cremige Konsistenz haben.

Die Koteletts vollständig von Fett und Sehnen befreien. Salzen und in heißem Öl kurz auf beiden Seiten anbraten. Auf ein Gitter legen und auskühlen lassen. Mit Pfeffer und zerriebenem Thymian bestreuen, nach Geschmack noch etwas nachsalzen.
Die Koteletts im abgetropften Fleischsaft wenden, damit sich die Gewürze besonders gut verteilen.
Die gewaschenen Spinatblätter in Salzwasser blanchieren und abtropfen lassen. Je vier große Blätter (bei kleinen entsprechend mehr) auf einem Tuch aneinanderlegen, so daß ein Viereck entsteht. Ein zweites Tuch darüberlegen und kräftig andrücken, um die Blätter zu trocknen.
Die Spinatvierecke mit der Farce bestreichen und die vorbereiteten Lammkoteletts darauflegen. Mit dem Spinat so einschlagen, daß sich die Blätter nicht zu sehr überlappen. Die Koteletts sollten gleichmäßig umhüllt sein.
Den Blätterteig hauchdünn ausrollen und Vierecke von etwa 10x13 cm schneiden. Das Eigelb mit etwas Wasser verquirlen und die Ränder damit bestreichen. Die Lammkoteletts in die Blätterteig-Vierecke einschlagen. Dabei sollten die Teigränder nicht zu weit übereinanderliegen; überstehende Teigränder etwas beschneiden.
Die Blätterteigtaschen mit Eigelb bestreichen und vor dem Backen mindestens 30 Minuten ruhen lassen, weil sonst der Teig beim Backen reißen kann.

Fortsetzung Seite 154

Sauce

0,35 l Lammjus
1 Thymianzweig
20 g Butter

Lammjus mit dem Thymianzweig auf zwei Drittel einkochen. Thymian herausnehmen und die Sauce mit der Butter binden.

Fertigstellung:

Die Lammkoteletts im vorgeheizten Ofen bei 260°C ca. 8 Minuten backen. Außerhalb des Ofens noch 2 Minuten ruhen lassen. Mit dem Lammjus servieren.

Bemerkung:

Ich empfehle als Beilage Zwiebel-Confit (Rezept S. 210) und Tomaten, gefüllt mit Ratatouille (Rezept S. 211).

Pot-au-feu vom Lamm

für 4 Personen

Unter Pot-au-feu versteht man eigentlich einen deftigen Eintopf aus Fleisch und viel Gemüse in einer klaren Brühe. Hier ist das Prinzip etwas abgewandelt: Fleisch und Gemüse werden in einem mit Butter gebundenen Sud serviert

Zutaten:

Lamm

ca. 800 g Lammsattel,
nicht ausgelöst

Sud/Sauce

Parüren und Knochen
vom Lammsattel
1 Stück Staudensellerie
1 Stück Lauch, nur das Weiße
½ Zwiebel
50 g Butter
1 l Wasser
10 Pfefferkörner
Salz
120 g Butter
1 Knoblauchzehe

Gemüseeinlage

100 g gelbe Wirsingblätter
100 g weiße Zwiebeln
100 g rote Zwiebeln
80 g Rosenkohl
60 g Lauch, nur das Weiße
1 EL Schnittlauch
1 EL Basilikum

Zubereitung:

Den Lammsattel auslösen, Fett und Sehnen sorgfältig entfernen (parieren). Knochen und Parüren für die Sauce klein hacken.

Die Knochen und Parüren mit den geputzten Sudgemüsen und 50 g Butter in einem Topf (ca. 30 cm Ø) kurz anschwitzen und mit Wasser aufgießen. Die Pfefferkörner zugeben, salzen und ca. 45 Minuten kochen. Abpassieren und auf die Hälfte reduzieren.
Den parierten Lammrücken in den Sud einlegen und ca. 10 Minuten köcheln lassen, herausnehmen und auf einem Gitter 5 Minuten auskühlen lassen.

Die Wirsingblätter in ca. 3x3 cm große Quadrate schneiden. Die geschälten Zwiebeln vierteln und in die einzelnen Lagen zerlegen. Die Rosenkohlknospen entblättern und den Lauch in schräge Scheiben schneiden. Die Gemüse, jede Sorte für sich, in Salzwasser weichkochen.

Fertigstellung:

Das Lammfleisch nochmals 8–10 Minuten im Sud leicht ziehen lassen. Herausnehmen, den Sud durch ein Tuch passieren. 120 g Butter darin verkochen und mit dem Handrührgerät kurz durchschlagen. Knoblauch schälen, auf eine Gabel spießen und damit einmal durch die Sauce fahren.
Die kleingeschnittenen Kräuter und die Gemüse beifügen und abschmecken. Den Lammrücken in Scheiben schneiden. Auf vorgewärmte Teller etwas Sauce mit Gemüse geben. Die Lammscheiben darauf anrichten und mit der übrigen Buttersauce übergießen.

Kaninchenrücken mit Morcheln

für 4 Personen

Je frischer die Morcheln sind, desto schwerer wiegen sie; sie trocknen sehr schnell aus und verlieren dadurch an Gewicht. Die Morcheln mit dem stärksten Aroma sind übrigens die gelben Wiesenmorcheln

Zutaten:

Morchelsauce

200 g frische Morcheln
(ohne Stiele)
1 Schalotte
120 g Butter
Salz
1 cl Sherry
0,2 l Fond blanc
0,15 l Geflügelfond, braun

Kaninchenrücken

4 Kaninchenrücken
(bzw. 8 Kaninchenrückenfilets)
Salz
3 EL Olivenöl zum Anbraten

Zubereitung:

Die Morcheln putzen, jedoch möglichst nicht waschen. Die Pilze mit der feingeschnittenen, gewaschenen Schalotte und 60 g Butter in einer Sauteuse für 8–10 Minuten in den auf 220°C vorgeheizten Ofen schieben, leicht salzen. Anschließend die Morcheln mit einem Schaumlöffel herausnehmen. Sherry, Fond blanc und braunen Geflügelfond zu dem entstandenen Sud gießen.
Die Flüssigkeit auf dem Herd auf die Hälfte einkochen, abpassieren und mit den restlichen 60 g Butter binden. Die Morcheln wieder zur Sauce geben und darin noch etwas ziehen lassen.

Die Rückenfilets auslösen und sorgfältig parieren. Mit Salz würzen und in einer großen Pfanne im heißen Öl nicht zu scharf anbraten. Anschließend 3–4 Minuten im vorgeheizten Ofen bei 220°C garen lassen.

Fertigstellung:

Mit einem Tuch das überschüssige Fett von den Filets tupfen und je zwei auf vorgewärmten Tellern anrichten.
Mit der Morchelsauce begießen.
Nach Belieben mit etwas Kerbel garnieren.

Glacierter Beinschinken mit Mango und Maisküchlein

Für eine große Tafelrunde von 15 bis 20 Personen, denn einen Beinschinken kann man nur im ganzen kaufen. Bestellen Sie ihn rechtzeitig bei Ihrem Metzger, damit er ihn für Sie leicht räuchert und pökelt

Zutaten:

Schinken

6–8 kg Beinschinken mit Schwarte, leicht geräuchert und gepökelt
15–20 Gewürznelken
2 EL Honig
2 EL Puderzucker

Sauce

0,6 l Madeira
1 Schalotte
6 cl Weißwein
6 cl Rotwein
1,5 l Kalbsjus
240 g Butter
Salz

Maisküchlein

200 g Butter
640 g frische Maiskörner (von ca. 8 Kolben)
0,4 l Crème double
100 g Mehl
4 Eier
Salz
Muskatnuß

Mango

2–3 Mangofrüchte
30 g Butter

Zubereitung:

Den Beinschinken 45–60 Minuten in heißem Wasser bei einer Temperatur von 90–95°C ziehen lassen. Herausnehmen und die Schwarte entfernen. Das Fett rautenförmig einritzen und die Kreuzungspunkte mit den Gewürznelken spicken. Die Oberfläche des Schinkens mit Honig bestreichen und mit Puderzucker bestäuben. Im vorgeheizten Ofen bei 200°C 35 Minuten glacieren. Sollte der Schinken dabei zu stark Farbe nehmen, kann man ihn gegen Ende der Bratzeit mit Alufolie abdecken.

Den Madeira mit der feingeschnittenen, gewaschenen Schalotte in einem flachen Topf kurz ankochen, Weißwein und Rotwein zugeben und auf ein Viertel der Flüssigkeit reduzieren. Mit dem Kalbsjus aufgießen und nochmals um die Hälfte einkochen. Den Topf auf die Seite ziehen und die nicht zu kalte Butter in kleinen Stücken einrühren. Mit Salz abschmecken.

Die Butter in einer Sauteuse bräunen und die Maiskörner darin ansautieren. Die Hälfte davon im Mixer mit der Crème double, dem Mehl, den Eiern sowie Salz und Muskat pürieren. Die Masse in eine Schüssel geben und die restlichen erkalteten Maiskörner untermischen. In einer beschichteten Pfanne ohne Fett kleine Küchlein backen. Das geht am besten, indem man die Pfanne mit den Küchlein vor dem Wenden kurz in den heißen Ofen schiebt, damit die Oberfläche der Masse anzieht. So lassen sich die Küchlein leicht umdrehen.

Die Früchte schälen und Spalten vom Kern schneiden. In heißer Butter auf beiden Seiten leicht bräunen.

Fertigstellung:

Den Schinken vom Knochen weg in Scheiben schneiden und diese abwechselnd mit den Mangospalten auf einer vorgewärmten Platte anrichten. Die Maisküchlein und die Sauce getrennt dazu servieren.

Geflügel

Poulardenkeule, gefüllt mit heller Leber, auf Mais

für 4 Personen

Die Keulen müssen für dieses Gericht so entbeint werden, daß sie rundum
unverletzt bleiben: mit einem spitzen Messer das Fleisch rund um den Knochen
vorsichtig lösen, bis man ihn herausziehen kann.
Helle Leber ist die Fettleber einer Poularde, also keine normale Geflügelleber

Zutaten:

Poulardenkeulen

4 Poulardenkeulen (Bresse)
Salz
160 g helle Leber
(von Mastpoularden)
Kardamom
Muskatblüte
Pfeffer
2 Stangen Staudensellerie
2 Karotten
3 Zwiebeln
80 g Butter
1 Lorbeerblatt
10 Pfefferkörner

Mais

60 g Butter
300 g junge Maiskörner
Salz
Muskatnuß
3 Tomaten, klein bis mittelgroß

Sauce

4 cl Madeira
4 cl Weißwein
0,2 l Geflügelfond, braun
10 g Butter

Zubereitung:

Die Keulen entbeinen, salzen und auf die Seite stellen.
Die hellen Poulardenlebern von der Galle befreien, in große
Würfel schneiden und mit Kardamom, Muskatblüte,
Salz und Pfeffer würzen. In einer Pfanne ohne Fett kurz
ansautieren. Rasch abkühlen lassen, die Keulen damit
füllen und mit Küchengarn zunähen.

Das geputzte, grobgewürfelte Gemüse mit 80 g Butter,
Lorbeerblatt und Pfefferkörnern in eine Kupfersauteuse
(ca. 35 cm ∅) geben, die Keulen daraufsetzen und
im vorgeheizten Ofen bei 220°C 25 Minuten garen.

Die Butter in einer Sauteuse bräunen, den Mais zugeben,
ansautieren und würzen. Die Tomaten enthäuten,
entkernen und in Würfel schneiden. Zum Mais geben
und kurz zusammen durchschwenken.

Den Madeira in einer Sauteuse auf die Hälfte reduzieren,
Weißwein zugeben und nochmals kurze Zeit kochen
lassen. Mit dem braunen Geflügelfond aufgießen, auf zwei
Drittel einkochen und mit der Butter binden.

Fertigstellung:

Den Mais mit den Tomaten auf Teller verteilen, die Keulen
in Scheiben schneiden und darauf anrichten. Mit der
Sauce umgießen.

Bresse-Poularde mit Trüffeln auf Lauch

für 4 Personen

Achten Sie beim Einkauf auf das Siegel, das jedes Geflügel aus der Bresse trägt.
Natürlich können Sie dieses Gericht aber auch mit deutschem Geflügel zubereiten

Zutaten:

Bresse-Poularde

1 Poularde à ca. 1,8 kg
30 g Trüffel
Salz
1 Stück Lauch
2 Zwiebeln
2 Karotten
100 g Butter
4 cl Weißwein
10 Pfefferkörner
1 Lorbeerblatt

Sauce

80 g Butter
20 g Trüffel
Salz
4 cl Madeira
2 cl Trüffeljus, falls vorhanden
0,4 l Geflügelfond, braun

Lauch

4 schöne Stangen Lauch
Salz

Zubereitung:

Die Poularde ausnehmen und abflämmen. Die Trüffel in nicht zu dünne Scheiben schneiden. Diese unter die Haut der Poularde schieben. Die Poularde auf allen Seiten salzen.

Das Gemüse putzen, in grobe Würfel schneiden, zusammen mit Butter, Weißwein und Gewürzen in einen flachen, kalten Topf (ca. 40 cm ⌀, möglichst Kupfer) geben. Die Poularde daraufsetzen und bei ca. 200°C 45 Minuten im Ofen dämpfen. Während dieser Zeit ständig begießen, damit sie am Ende der Garzeit nur leicht gebräunt ist.

In einer Sauteuse 10 g Butter erhitzen. Die Trüffel in Scheiben schneiden, in der Butter kurz ansautieren und salzen. Mit Madeira ablöschen, Trüffeljus und braunen Geflügelfond auffüllen. Auf die Hälfte reduzieren und die restliche Butter einrühren.

Vom Lauch die ersten zwei Außenschichten und alles Grüne wegschneiden. Die Stangen längs halbieren und den Lauch in grobe Julienne von 4 x 1 cm schneiden. In kochendem Salzwasser blanchieren, abgießen und auf einem Tuch vorsichtig ausdrücken.

Fertigstellung:

Die Trüffelscheiben aus der Sauce nehmen, in Streifen schneiden und mit dem Lauch zusammen in einer Sauteuse durchschwenken. Die Hälfte der Trüffelsauce zugeben und auf Tellern anrichten.
Von der Poularde das Brustfleisch in schönen Scheiben von der Karkasse schneiden und auf das Lauch-Trüffel-Gemüse setzen.
Die restliche Sauce getrennt dazu reichen. Die Keulen bis zum Nachservieren warm stellen.

Poulardenfilets in Sherry-Sauce mit frischen Morcheln

für 4 Personen

Morcheln wachsen auch in unseren Breiten. Nach einem warmen Frühlingsregen – von Mai bis Ende Juni – kann man sie in Parks und lichten Mischwäldern finden

Zutaten:

Sauce

150 g frische Morcheln
20 g Butter
1 Schalotte
Salz
0,1 l Sherry fino
0,1 l Geflügelfond, braun (Jus)
0,4 l Geflügelfond, hell
0,5 l Crème double

Garnitur

½ Zitrone, Saft
1 Stück Weißbrot
1 Prise Zucker
Salz
200 g Spargel

Poulardenfilets

4 Poulardenbrüste, enthäutet
50 g Butter
Salz, Pfeffer

Zubereitung:

Die frischen Morcheln putzen und, nur wenn unbedingt nötig, waschen. In einer flachen Sauteuse (ca. 20 cm ⌀) die Butter mit der feingeschnittenen, gewaschenen Schalotte erhitzen und die Morcheln darin kurz ansautieren. Salzen und mit Sherry ablöschen. Mit Jus und Fond auffüllen und ca. 10 Minuten kochen lassen.
Mit einem Schaumlöffel die Morcheln herausnehmen und zugedeckt auf die Seite stellen.
Den Fond auf ein Viertel reduzieren und mit der Crème double auffüllen. Ca. 15–20 Minuten leicht kochen lassen. Während der letzten 5 Minuten die Morcheln wieder dazugeben.
Die Sauce abschmecken, abpassieren und im Mixer aufschlagen.

In einem flachen Topf (ca. 30 cm ⌀) reichlich Wasser mit den übrigen Zutaten zum Kochen bringen und die Spargel darin garen. Dabei ist wichtig, daß das Wasser immer stark kocht, sonst werden die Spargel matschig. Die Spargel in ca. 4 cm lange Stücke schneiden.

Die Poulardenbrüste in ca. 1 cm dicke Streifen schneiden.

Fertigstellung:

In einer Pfanne (möglichst aus Kupfer) die Butter schmelzen und bei milder Hitze die Streifen auf beiden Seiten rosa braten, ohne sie Farbe nehmen zu lassen. Würzen und auf einem Tuch das überschüssige Fett abtupfen.
Auf vorgewärmten Tellern die Morcheln mit dem Spargel und den Geflügelstreifen anrichten und mit der Sauce nappieren.

Poularde in Rosmarinsauce

für 4 Personen

Nur Rosmarin, der in sommerlicher Hitze gewachsen ist – aus Frankreich oder Italien importiert, oder an einem windgeschützten Platz im Garten oder auf der Terrasse gezogen – hat ein intensives Aroma. Die blassen Pflänzchen aus den hiesigen Treibhäusern sind weniger geeignet

Zutaten:

1 Poularde von 1,6–1,8 kg
1 Stück Karotte
1 kleines Stück Lauch
1 Zwiebel
200 g Butter
Salz
1 großer Zweig frischer Rosmarin
1 Knoblauchzehe
1 Lorbeerblatt
4 cl Weißwein
0,6 l Geflügelfond
Mehl

Zubereitung:

Die Poularde ausnehmen und abflämmen.
Die Brüste und Keulen von der Karkasse lösen und die Knochen in kleine Stücke hacken. Karotte, Lauch und Zwiebel putzen und in grobe Würfel schneiden.
Die kleingehackten Geflügelknochen in einer Sauteuse mit der Butter ca. 15 Minuten gut braun rösten. Gemüse und Gewürze beigeben und leicht salzen. Nochmals ca. 5 Minuten ziehen lassen. Mit dem Weißwein ablöschen, mit Geflügelfond auffüllen und ca. 15–20 Minuten kochen. Die Flüssigkeit auf die Hälfte reduzieren. Die Sauce abpassieren und im Mixer aufschlagen, damit eine leichte Bindung zwischen der Butter und dem Bratenfond entsteht.
Die Butter in einer flachen Kupfersauteuse (ca. 30 cm ⌀) erhitzen. Brüste und Keulen salzen, leicht mehlieren und in der Butter bei mittlerer Hitze goldgelb braten. Herausnehmen und zur Seite stellen.

Fertigstellung:

Die Poulardenkeulen im stark vorgeheizten Ofen ca. 5 Minuten garen. Dann erst die Brüste zugeben und weitere 5 Minuten bräunen lassen, da diese eine kürzere Bratzeit benötigen. Die Fleischstücke auf vorgewärmten Tellern anrichten und mit der Sauce nappieren.

Bemerkung:

Ich empfehle dazu als Beilagen Kürbisgemüse (Rezept S. 209) und geröstete Würfelkartoffeln.

Soufflierte Poulardenbrust in Sauerampfer

für 4 Personen

Ein Frühlingsessen – denn der erste, ganz junge
Sauerampfer schmeckt einfach am besten

Zutaten:

2 schöne Poularden

Farce
1 Ei
0,4 l Crème double
40 g geriebenes Weißbrot
(ohne Rinde)
Zitronensaft
Salz, Pfeffer
Muskatnuß
40 g braune Butter
80 g geschlagene Sahne
(aus 1/16 l flüssiger Sahne)

Sauce
5 cl Noilly Prat
0,15 l Weißwein, trocken
1 Schalotte
½ l Geflügelfond, hell
¼ l Crème double
50 g Butter
Salz
½ Zitrone, Saft
50 g junger Sauerampfer
(ohne Stiele)
2 EL geschlagene Sahne

Zubereitung:

Die Hühnerbrüste von den Karkassen lösen und enthäuten.
Die Schenkel vom Körper trennen, das Keulenfleisch
vom Knochen lösen, Haut und Sehnen entfernen.
250 g Fleisch abwiegen und für die Zubereitung der Farce
zur Seite stellen. Den Rest sowie die Karkassen zu einer
Brühe auskochen.

Das Keulenfleisch leicht einsalzen und im Blitzhacker
(Universalzerkleinerer) fein cuttern. Das Ei und die Crème
double nacheinander einarbeiten und anschließend alles
durch ein Haarsieb streichen. Eine Metallschüssel auf Eis
stellen, die Fleisch-Sahne-Masse hineingeben, die
Weißbrotbrösel untermengen, mit Zitronensaft, Salz, Pfeffer
und Muskat abschmecken.
Die braune Butter, die Zimmertemperatur haben soll, und
die geschlagene Sahne unterziehen.
Die Poulardenbrüstchen leicht würzen, mit Soufflé-Farce
ca. 2 cm dick bestreichen und in eine gebutterte flache
Kasserolle einlegen.

Noilly Prat und Weißwein mit der feingeschnittenen und
gewaschenen Schalotte ankochen, mit dem Geflügelfond aufgießen und auf ein Viertel reduzieren. Crème
double und Butter zugeben und weitere 10 Minuten kochen
lassen. Mit Salz und Zitronensaft abschmecken und im
Mixer aufschlagen.

Den Sauerampfer in grobe Streifen schneiden, zusammen
mit der geschlagenen Sahne unterziehen und kurz
aufkochen.

Fertigstellung:

Die Poulardenbrüste bei 200–220°C ca. 10 Minuten garen.
Die Sauce auf vorgewärmten Tellern verteilen und
die soufflierten Poulardenbrüste darauf anrichten.

Perlhuhnküken, gefüllt, auf Lauch und Pfifferlingen

für 4 Personen

Die Füllung kommt hier nicht in das Perlhuhn, sondern unter die Haut – so bleibt das empfindliche Brustfleisch besonders saftig

Zutaten:

2 Perlhuhnküken à ca. 500 g

Farce

60 g Kalbfleisch,
ohne Sehnen und Fett
Salz
1 Eiweiß
80 g Crème double
80 g Geflügelleber und -herzen
20 g Butter
1 Schalotte
1 Thymianzweig
Pfeffer
etwas Kerbel

Garnitur

300 g Lauch, nur das Weiße
Salz
200 g Pfifferlinge
30 g Butter

Sauce

4 cl Madeira
6 cl Weißwein
16 cl brauner Geflügelfond
(oder Kalbsfond)
80 g Butter

Zubereitung:

Perlhuhnküken ausnehmen und abflämmen, die Lebern und Herzen für die Farce auf die Seite stellen.

Kalbfleisch leicht salzen und zweimal durch die feine Scheibe des Fleischwolfs drehen oder im Blitzhacker cuttern. Durch ein Haarsieb streichen und in einer Metallschüssel auf Eis stellen. Eiweiß und Crème double einarbeiten.
Die Geflügelleber und -herzen in Würfel schneiden, in der Butter mit der feingeschnittenen, gewaschenen Schalotte und dem Thymianzweig kurz ansautieren, mit Salz und Pfeffer abschmecken. Den Thymianzweig herausnehmen und die Fleischwürfel erkalten lassen. Den gehackten Kerbel zugeben und diese Einlage unter die Farce mischen. Gut verrühren.
Die Brusthaut der Perlhühner vorsichtig vom Fleisch lösen, dabei weder verletzen noch abtrennen, so daß man die Farce mit einem Spritzbeutel mit großer, glatter Tülle zwischen Haut und Brustfleisch spritzen kann. Die Rundungen der Brust sollten mit der Farce unter der Haut nachgeformt werden. Die Perlhühner in Form binden, leicht salzen und im Ofen bei 220°C ca. 25 Minuten braten.

Den Lauch waschen, die zwei ersten Außenschichten entfernen, das Innere in ca. 4 cm lange und 1 cm breite Streifen schneiden. In Salzwasser blanchieren. Abgießen und leicht ausdrücken.
Pfifferlinge putzen, waschen, mit 30 g Butter und wenig Salz ansautieren. Den Lauch beigeben.

Madeira kurz ankochen, mit dem Weißwein auf die Hälfte reduzieren. Mit braunem Fond auffüllen und wiederum um ein Drittel einkochen. Die Butter einrühren und den Lauch mit den Pfifferlingen in der Sauce kurz erhitzen.

Fertigstellung:

Die Gemüse in der Sauce auf vorgewärmte große Teller geben. Die gefüllten Brüste von den Karkassen trennen und in schräge Scheiben schneiden. Auf dem Gemüse anrichten. Die ausgelösten Keulen im Ofen bis zum Nachservieren warm halten.

Bemerkung:

Die Karkassen nicht wegwerfen, sondern für Geflügelsauce auskochen.

Wachtelbrüstchen mit Smyrna-Trauben

für 4 Personen

Aus Keulen und Karkassen kochen Sie mit Wurzelwerk einen kräftigen Sud, den Sie für eine spätere Verwendung einfrieren

Zutaten:

<u>Wachtelbrüstchen</u>

8 große Wachteln
Salz
2 Weinblätter, frisch abgekocht oder aus dem Glas
100 g Smyrna-Trauben
4 cl Muskateller (Weißwein)
40 g Butter
80 g Gänseleberwürfel

<u>Sauce</u>

4 cl Madeira
0,1 l Muskateller (Weißwein)
0,15 l brauner Geflügelfond
60 g Butter

Zubereitung:

Die Wachteln ausnehmen, abflämmen und salzen.
Die Weinblätter in feine Julienne schneiden. Die Trauben in 4 cl Muskateller erhitzen.

Madeira und Weißwein kurz ankochen, den Geflügelfond zugeben und auf die Hälfte reduzieren. Abschmecken und mit der kalten Butter binden.

Fertigstellung:

Die Wachteln bei 220°C im Ofen mit den 40 g Butter ca. 8 Minuten braten. Brüstchen und Keulen von den Karkassen lösen.
In einer heißen Pfanne ohne Fett die Gänseleberwürfel kurz ansautieren.
Weintrauben und Weinblätter-Julienne in der Sauce kurz durchziehen lassen.
Die Wachtelbrüste auf vorgewärmten Tellern anrichten, die Gänseleberwürfel darüber verteilen und das Gericht mit der Sauce übergießen.

Tauben auf Waldpilzen

für 4 Personen

Falls Sie keine Waldpilze bekommen, können Sie auch
eine Mischung aus Champignons und Egerlingen nehmen

Zutaten:

<u>Taubenbrüstchen</u>

4 schöne Tauben
4 EL Olivenöl
Salz

<u>Sauce</u>

3 cl Madeira
4 cl Rotwein
2 cl Weißwein
½ l Geflügelfond, braun
80 g Butter

<u>Pilze</u>

250 g Waldpilze
(z.B. Mairitterlinge, Steinpilze,
Anis-Champignons u.a.)
1 Schalotte
40 g Butter
Salz, Pfeffer
1 TL Kerbel, fein geschnitten
1 TL Petersilie, fein geschnitten
1 Knoblauchzehe, geschält

Zubereitung:

Die Tauben ausnehmen, abflämmen, würzen und in Form binden. Im vorgeheizten Ofen im heißen Öl bei 220°C 7 Minuten braten, herausnehmen und ruhen lassen.

Madeira, Rotwein und Weißwein kurz ankochen, mit Geflügelfond aufgießen und auf ein Drittel reduzieren. Die Butter zugeben und darin gut verkochen.

Die geputzten Pilze mit der feingeschnittenen, gewaschenen Schalotte in der Butter ansautieren und mit Salz und Pfeffer würzen. Die Kräuter mit den Pilzen zur Sauce geben. Die Knoblauchzehe auf eine Gabel stecken und damit zwei- bis dreimal durch die Sauce fahren.

Fertigstellung:

Die Tauben nochmals für ca. 5 Minuten in den heißen Ofen schieben. Danach die Brüste und Schenkel auslösen. Die Pilzsauce auf vorgewärmte Teller geben und die Fleischstücke darauf anrichten.

Kotelett von der Bresse-Taube
in Blätterteig mit Petersilien-Mousse für 4 Personen

Wenn Sie die Brüste mit der Farce in den Blätterteig verpackt haben (was einige Mühe erfordert), so sollten Sie die Päckchen an einem kühlen Ort etwa eine Stunde ruhen lassen und den Teig erst 30 Minuten vor dem Backen und noch einmal unmittelbar vor dem Einschieben bestreichen, damit ein besonders schöner Glanz entsteht

Zutaten:

Taubenkotelett

2 schöne Tauben à 550 g
Salz, Pfeffer
200 g Blätterteig
4 große Wirsingblätter
1 Eigelb zum Bestreichen

Sauce

Karkassen von beiden Tauben
1 Stück Staudensellerie
1 Schalotte
1 Karotte
2 EL Olivenöl
1 Thymianzweig
1 Knoblauchzehe, ungeschält
5 Petersilienstengel
1 Lorbeerblatt
20 g Butter
1 cl Weißwein
1 cl Madeira
2 cl Rotwein
1 l Geflügelfond, braun
Salz, Pfeffer

Farce

70 g Kalbfleisch ohne Sehnen
Salz
30 g marinierte Gänseleberreste
1 Eiweiß
70 g Crème double
Pfeffer
2 EL Olivenöl
1 Schalotte
80 g Herbsttrompeten
1 EL Petersilie, fein gehackt

Zubereitung:

Die Tauben ausnehmen und abflämmen, die Herzen und Lebern für die Farce zur Seite stellen. Die Brüste auslösen, dabei den Flügelknochen entfernen. Die Keulen auslösen und den Schlußknochen ebenfalls entfernen. Die Karkassen für die Zubereitung der Sauce aufbewahren. Die Brüste und Keulen von Haut und Sehnen befreien. Das Fleisch leicht salzen, pfeffern und kühl stellen.

Die Taubenkarkassen klein hacken und mit den geputzten, grobgewürfelten Gemüsen in Öl leicht anrösten. Thymian, die leicht angedrückte Knoblauchzehe, die Petersilienstengel und das Lorbeerblatt beigeben und das Fett abschütten. 10 g Butter zugeben und im Ofen bei offener Tür und niedriger Temperatur ca. 15 Minuten ziehen lassen. Mit den Weinen ablöschen, mit dem Geflügelfond auffüllen und ca. 30 Minuten köcheln lassen. Abpassieren, auf die Hälfte reduzieren, die restliche Butter beifügen und mit Salz und Pfeffer abschmecken.

Das Kalbfleisch grob würfeln, salzen und kühl stellen. Dann durch die feine Scheibe des Fleischwolfs drehen und wieder kühl stellen. Im Blitzhacker fein cuttern, nacheinander die Gänseleber, das Eiweiß und die Crème double einarbeiten. Alle Zutaten sollten bei Zugabe gut gekühlt sein.
Die Farce mit Salz und Pfeffer abschmecken und wieder auf Eis stellen.
Die beiseite gestellten Taubenherzen und -lebern in Würfel schneiden und in einem Eßlöffel Olivenöl ansautieren. Die feingeschnittene und gewaschene Schalotte mit den Pilzen in dem restlichen Öl ansautieren, salzen, pfeffern und fein hacken. Herzen, Lebern und Pilze zum Erkalten in den Kühlschrank stellen und anschließend mit der Farce und der feingehackten Petersilie vermischen.

Petersilien-Mousse

200 g krause Petersilie, gezupft
40 g Blattpetersilie
50 g Spinat, ohne Stiele
1 Schalotte
50 g Butter
½ l Crème double
Salz, Pfeffer

Petersilie und Spinat waschen, blanchieren und in Eiswasser abschrecken. Gut ausdrücken und hacken. Die feingeschnittene, gewaschene Schalotte in 1 EL Butter andünsten, ohne sie Farbe nehmen zu lassen. Petersilie und Spinat zugeben, mit Crème double aufgießen, aufkochen lassen und auf die Hälfte reduzieren. Alles im Mixer pürieren und mit Salz und Pfeffer abschmecken. Kurz vor dem Servieren die restliche Butter zugeben und unter ständigem Rühren erhitzen.

Fertigstellung:

Die Wirsingblätter weich blanchieren, mit einem Tuch trocken tupfen und mit der Farce dünn bestreichen. Auf jedes Blatt eine Brust und eine Keule legen und das Fleisch auch mit der Farce bestreichen. Jedes Kotelett so mit dem darunterliegenden Blatt umhüllen, daß die Kralle herausschaut.
Den Blätterteig sehr dünn ausrollen, in gleichmäßige Vierecke schneiden, das Fleisch mit der Farce und dem Wirsing darin einschlagen. Mit Eigelb bestreichen und 30 Minuten stehenlassen, damit der Teig beim Backen nicht reißt.
Im vorgeheizten Ofen bei 240°C 10 Minuten backen und noch 2 Minuten außerhalb des Ofens ruhen lassen.
Die Taubenkoteletts in Tranchen schneiden, auf Tellern anrichten, mit der Sauce nappieren und die Petersilien-Mousse dazu servieren.

Taubenbrüstchen im Basilikumsud mit jungen Gemüsen

für 4 Personen

Sie können alle Schritte vorbereiten – die Brüstchen allerdings dürfen erst etwa zehn Minuten vor dem Servieren in den Sud gelegt und sollten dann unverzüglich aufgetragen werden

Zutaten:

Taubenbrüstchen

2 Tauben (Bresse)
2 Schalotten
1 kleine Karotte
1 Stange Staudensellerie
20 g Butter
Pfefferkörner
Salz
⅛ l Weißwein
1 l Geflügelfond oder Fond blanc

Gemüseeinlage

120 g Rosenkohlblätter
80 g tournierte Karotten
60 g frische Erbsen
80 g junger Lauch, geputzt
Salz
140 g Butter
Pfeffer aus der Mühle
8 Basilikumblätter
1 TL Schnittlauch, fein geschnitten

Zubereitung:

Die Taubenbrüstchen von den Karkassen lösen und auf die Seite stellen. Die Karkassen und die Schenkel klein hacken und mit den geputzten und grobgewürfelten Wurzelgemüsen leicht in der Butter andünsten. Pfefferkörner zugeben und leicht salzen. Mit Weißwein ablöschen, mit Geflügelfond auffüllen und ca. eine Stunde köcheln lassen.

Alle Gemüse putzen und den Lauch in schräge Scheiben schneiden. Wegen der unterschiedlichen Garzeit jedes Gemüse für sich in etwas Salzwasser garen, abgießen und abtropfen lassen.

Fertigstellung:

Den Sud abpassieren und auf die Hälfte reduzieren. Die Taubenbrüstchen einlegen und darin rosa pochieren. Herausnehmen und in dünne Scheiben schneiden. Die Butter im Sud verkochen, die Sauce kurz im Mixer aufschlagen, mit Salz und Pfeffer aus der Mühle abschmecken.
Die Gemüse und das Fleisch zum Erwärmen nochmals in den Sud legen, die Kräuter zugeben, und die Taubenbrüstchen mit den Gemüsen und dem Sud in vorgewärmten Tellern servieren.

Truthahnleber mit Zwiebelsauce

für 4 Personen

Besorgen Sie sich für dieses Gericht besonders große Lebern, weil sie zarter sind als die kleinen

Zutaten:

<u>Truthahnleber</u>

600 g Truthahnleber, möglichst groß
30 g Butter
Salz, Pfeffer

<u>Zwiebelsauce</u>

400 g weiße Zwiebeln
Mehl
¼ l Olivenöl
9 cl Weißwein
4 cl Madeira
½ l Kalbsjus
80 g Butter
Salz

<u>Garnitur</u>

2 Äpfel (Gravensteiner)
0,1 l Weißwein
40 g Butter
1 TL Puderzucker

Zubereitung:

Die Leber sorgfältig von den äußeren Häutchen und Sehnen befreien und in ca. 5 mm dicke, möglichst große Scheiben schneiden.

Die Zwiebeln schälen, halbieren und in dünne Streifen schneiden. Auf einem Tuch verteilen, mit Mehl bestäuben und kurz durchschütteln, damit sich das Mehl verteilt. Die Streifen nacheinander in nicht zu heißem Öl in einem Topf von ca. 15 cm ⌀ langsam goldgelb bräunen, auf ein Tuch geben, um das überschüssige Fett zu entfernen. Die Zwiebeln in einem zweiten Topf (ca. 20 cm ⌀) kurz erhitzen, sofort mit Weißwein und Madeira ablöschen. Kalbsjus auffüllen und unter leichtem Kochen in ca. 15 Minuten auf die Hälfte reduzieren. Mit einem Kochlöffel nach und nach die kalte Butter einrühren und die Sauce damit binden. Mit Salz abschmecken.

Äpfel schälen und in mandelgroße Stücke tournieren. Weißwein, Butter und Zucker in eine Sauteuse geben und die Äpfel darin weichdünsten.

Fertigstellung:

In einer Pfanne (ca. 30 cm ⌀) 30 g Butter erhitzen, die Leberscheiben darin kurz braten, mit Salz und Pfeffer würzen. Auf Tellern anrichten, die Sauce darübergießen und die Apfelstücke darauf verteilen.

Gekochte Gänsebrust mit Meerrettichsauce und roter Bete

für 4 Personen

Die besten, zartesten Gänse gibt es im November, dann haben sie genau das richtige Alter erreicht

Zutaten:

1 Gans, ca. 3 kg

Sud

2 Stück Staudensellerie
2 Karotten
1 Stück Lauch
2 Zwiebeln
2 Lorbeerblätter
1 EL Pfefferkörner
2 Nelken

Rote Bete

4 kleine Rote-Bete-Knollen
2 EL Rotweinessig
1 TL Kümmel
Salz
1 Stück Meerrettich, geschält, zum Reiben

Meerrettichsauce

1 l Sud
Salz
0,1 l Sahne
150 g Butter
35 g Weißbrot (2 Tage alt)
2–3 EL geriebener Meerrettich
Pfeffer

Zubereitung:

Die Gans ausnehmen.

Sellerie, Karotten und Lauch putzen und grob würfeln, die Zwiebeln schälen und vierteln. In einem großen Topf die Sudzutaten mit reichlich Wasser erhitzen und die Gans, je nach Alter, ca. 45–60 Minuten darin garen.
Dann den Sud abpassieren

Inzwischen die rote Bete schälen und einzeln mit etwas Rotweinessig, Kümmel und einer Prise Salz in Alufolie einwickeln. Gut verschließen, damit keine Flüssigkeit austreten kann. In ein flaches feuerfestes Gefäß eine 1 cm dicke Salzschicht einfüllen, die Rüben in das Salz setzen und im Ofen bei 250°C 50 Minuten garen.

Den Sud auf ein Drittel reduzieren. Salzen, Sahne und Butter beifügen und noch 10 Minuten kochen lassen, im Mixer aufschlagen und das feingeriebene Weißbrot einrühren. Den frisch geriebenen Meerrettich zugeben, mit Salz und Pfeffer abschmecken.

Fertigstellung:

Die rote Bete in Scheiben und dann in Streifen schneiden. Die Sauce auf vorgewärmte Teller geben und die Rote-Bete-Streifen darauf verteilen. Etwas frischen Meerrettich darüberreiben und die ausgelöste Gänsebrust in Scheiben darauf anrichten.
Nach Belieben mit etwas Brunnenkresse garnieren.

Bemerkung:

Der Meerrettich sollte erst unmittelbar vor dem Servieren zur Sauce gegeben werden.
Aus den Gänsekeulen können Sie noch ein Confit herstellen: sie in reichlich Gänseschmalz weichköcheln, dann vom Knochen gelöst und in Stücke geschnitten im Schmalz abkühlen lassen. Schmeckt herrlich auf geröstetem Graubrot.

Junge Gans mit Bratapfel und Grießnocken

für 4 Personen

Die beste Zeit für einen solchen Gänsebraten ist ab November, dann haben die Gänse das richtige Alter von etwa fünf Monaten erreicht, sind wohlgenährt und angenehm fett

Zutaten:

Gans

1 junge Gans von 2–3 kg
Salz
1 Apfel (Boskop)
1 Zwiebel, geschält
1 Zweig Beifuß
¼ l Wasser

Grießnocken

150 g Butter
Salz
4 Eier
250 g Grieß
5 Semmeln (ca. 200 g)
⅛ l Sauerrahm
500 g mehlige Kartoffeln, gekocht
1 Prise Muskatnuß

Bratäpfel

4 Äpfel (Boskop, Cox Orange oder Gravensteiner)
50 g Butter
1 EL Preiselbeeren
30 g Zucker
½ Zitrone, Saft
1 EL Weißwein

Zubereitung:

Die Gans salzen und mit dem halbierten Apfel, der halbierten Zwiebel und dem Beifuß füllen. Das Wasser in einen Bräter geben, die gefüllte Gans hineinlegen und bei ca. 220°C 1–2 Stunden, je nach Alter, dämpfen. Dabei immer wieder mit der Flüssigkeit übergießen. Nach der halben Bratzeit die Füllung aus der Gans nehmen und mit im Bräter schmoren lassen. Wichtig ist, daß die Gans sehr weich gedämpft wird; erst dann die Oberhitze erhöhen, um die Gans Farbe nehmen zu lassen.
Gans herausnehmen und warm stellen.

Die Butter schaumig rühren, salzen, die Eier nach und nach zugeben und den Grieß einrühren. Mindestens eine Stunde stehenlassen und in dieser Zeit mehrmals kräftig durchschlagen.
Die Semmeln (oder Kastenweißbrot) entrinden und in kleine Würfel schneiden. Im Sauerrahm einweichen.
Die Kartoffeln in der Schale kochen, schälen und grob zerteilt im Ofen gut austrocknen lassen (ca. 5 Minuten bei 200°C).
Durchpassieren, die eingeweichten Semmeln, Muskat und die Grießmasse zugeben und alles gut vermengen. Mit einem nassen Löffel Nocken abstechen und im kochenden Wasserbad garen (ca. 15 Minuten).

Mit einem Apfelausstecher das Kerngehäuse entfernen. Die Äpfel in eine gebutterte flache Bratpfanne geben, mit den Preiselbeeren füllen und mit dem Zucker bestreuen. Die Butter in Flöckchen darauf verteilen und in den auf mindestens 260°C vorgeheizten Backofen schieben. Diese hohe Temperatur ist unbedingt erforderlich, damit die Äpfel wirklich braten und nicht dämpfen. Kurz vor Beendigung der Garzeit Zitrone und Weißwein zugeben und die Äpfel so lange im Ofen lassen, bis sich der Saft mit dem Weißwein zu einer dickflüssigen Sauce entwickelt hat, die Sie dann zum Servieren über die Äpfel geben.

Sauce

½ l brauner Fond

Den Fond in den Bräter geben, mit dem Bratensatz und dem Apfel-Zwiebel-Gemisch kräftig durchkochen. Abpassieren und eventuell entfetten.

Fertigstellung:

Die Gans tranchieren, auf vorgewärmten Tellern mit den Grießnocken und Bratäpfeln anrichten. Fleisch und Äpfel mit ihrer Sauce nappieren.

Ente mit eigener Leber auf Äpfeln
für 4 Personen

Am besten verwenden Sie französische Barberie-Enten

Zutaten:

2 Enten à 1,6–1,8 kg

Entenjus

Karkassen von den beiden Enten
1 Zwiebel
1 Stück Staudensellerie
Öl zum Anbraten
Salz
1 EL Tomatenmark
1 EL Preiselbeeren
1 Lorbeerblatt
5 Pfefferkörner
0,1 l Rotwein
4 cl Portwein
1 l Fond blanc

Sauce

4 cl Rotwein
1 cl Rotweinessig
1 cl Weißweinessig
1 TL Zitronensaft
60 g Butter
Salz, Pfeffer

Entenfleisch

Salz

Äpfel

2 Golden Delicious oder
Granny Smith
⅛ l Weißwein
2 TL Puderzucker
30 g Butter

Zubereitung:

Die Enten ausnehmen und abflämmen. Die Brüste und Keulen von den Karkassen lösen und zur Seite stellen.

Die Karkassen klein hacken, Zwiebel und Sellerie putzen und grob würfeln. Die Karkassen in einer flachen Kasserolle mit etwas Öl im Ofen anrösten. Nach ca. 10 Minuten das Fett abgießen und das Gemüse zugeben. Leicht salzen, den EL Tomatenmark einrühren und weitere 10 Minuten vorsichtig rösten. Aus dem Ofen nehmen, die Preiselbeeren und Gewürze beigeben, mit Rotwein und Portwein ablöschen. Auf der Herdplatte kurze Zeit schmoren und mit Fond blanc auffüllen, ca. eine Stunde kochen lassen und abpassieren.

In einer Sauteuse den Rotwein für die Sauce kurz ankochen und mit Entenjus aufgießen. Auf die Hälfte reduzieren, die beiden Essigsorten und den Zitronensaft zugeben, die Butter einrühren. Sollte die Sauce noch zu dünn sein, weiter einkochen lassen. Salzen und pfeffern.

Brüste und Keulen würzen und in einer flachen Kasserolle bei ca. 240°C in den Ofen schieben. Nach 10 Minuten sind die Brüste halb gegart und werden herausgenommen. Noch 10 Minuten neben dem Herd ruhen lassen. Die Keulen benötigen weitere 15 Minuten. In den letzten 5 Minuten die Brüste bei starker Hitze wieder mit erhitzen.

Die Äpfel schälen, in 6 Teile schneiden, das Kerngehäuse entfernen, in Weißwein mit Zucker und Butter dünsten, bis die Flüssigkeit vollständig eingekocht ist und die Äpfel schön glaciert sind.

Entenleber

160 g Entenstopfleber
(notfalls normale Entenleber)
Salz, Pfeffer
Muskatblüte, gemahlen

Die Entenstopfleber in Scheiben schneiden, würzen und ohne Fett in einer heißen Pfanne goldbraun braten. Wenn Sie normale Entenleber verwenden, in 1 TL Butter anbraten.

Fertigstellung:

Von den Entenbrüsten die Haut abtrennen und das darunterliegende Fett entfernen. Die Haut in feine Julienne schneiden, in einer Pfanne knusprig rösten und leicht salzen.
Die Brüste in Scheiben schneiden. Mit den Keulen auf Tellern mit den Apfelspalten und der Leber anrichten. Mit der Sauce übergießen und die geröstete Entenhaut über das Fleisch verteilen.

Wild

Damhirschnüßchen in weißer Pfeffercreme

für 4 Personen

Der Damhirsch ist etwas kleiner als der normale Hirsch, sein Fleisch ist zarter. Man kann für dieses Gericht auch das Fleisch eines jungen Hirschen oder eines Rehs verwenden

Zutaten:

Damhirschnüßchen

1 kg Oberschale oder Rücken vom Damhirschkalb
3 EL Olivenöl
Salz, Pfeffer
Wacholder, gemahlen

Pfeffercreme

4 EL Olivenöl
25 g weiße Pfefferkörner
Parüren vom Damhirsch
1 kleine Zwiebel
1 Stück Staudensellerie
25 g Speckschwarte
5 Wacholderbeeren
Salz
3 cl Cognac
¼ l Wildfond
0,8 l Sahne
20 g Butter

Zubereitung:

Das Fleisch von Haut und Sehnen befreien und die Parüren für die Sauce zur Seite stellen. Die Oberschale bzw. den Rücken in 3 cm dicke Scheiben schneiden.

Das Olivenöl in einem Topf (ca. 25 cm ⌀) stark erhitzen und die Pfefferkörner 2 Minuten kräftig anrösten. Die Parüren zugeben und kurz mitrösten. Das grobgewürfelte Gemüse, die gewürfelte Speckschwarte sowie die Wacholderbeeren beigeben, leicht salzen und bei 180°C im Ofen noch 10 Minuten bräunen.
Das überschüssige Fett abgießen und den Topf auf die Herdplatte zurückstellen. Mit Cognac ablöschen, den Fond zugeben und auf die Hälfte reduzieren. Mit der Sahne auffüllen und ca. 35 Minuten köcheln lassen. Durch ein Haarsieb passieren und mit der Butter im Mixer aufschlagen. Salzen.

Fertigstellung:

3 EL Olivenöl in einer großen Pfanne (ca. 35 cm ⌀) stark erhitzen. Die Fleischscheiben mit Salz, Pfeffer und dem Wacholderstaub würzen, von beiden Seiten in dem Öl kurz anbraten. Dann im Ofen bei 200°C ca. 3 Minuten garen. Das Fleisch auf vorgewärmten Tellern anrichten und mit der Sauce nappieren.

Als Beilage eignen sich in Weißwein gedünstete Apfelspalten und Nudeln.

Bemerkung:

Das kräftige Anrösten des Pfeffers gibt der Sauce den intensiven, leicht süßlichen Geschmack.

Junges Rebhuhn mit Feigen auf Wirsing

für 4 Personen

Feigen sind kein gewöhnliches Obst: es handelt sich nämlich nicht um Früchte, sondern um Blüten mit besonders fleischigen Blättern, die als solche allerdings nicht mehr erkennbar sind. Am intensivsten schmecken die blauen Feigen, die vor allem im Spätsommer und Herbst aus Italien und Südfrankreich zu uns kommen

Zutaten:

Wirsing

½ Wirsingkopf
4 Scheiben durchwachsener Speck
4 EL Sahne
Salz, Pfeffer
Muskatnuß

Rebhühner

4 junge Rebhühner
Salz
Wacholderstaub
4 große Scheiben fetter Speck
4 EL Öl zum Braten

Trüffelsauce

10 g Trüffel
30 g Butter
Salz
0,1 l Madeira
0,2 l Geflügelfond, hell
0,2 l Geflügelfond, braun
5 cl Trüffeljus

Garnitur

4 reife blaue Feigen
20 g Butter

Zubereitung:

Die Strünke und dicken Blattrippen des Wirsings entfernen. Die Blätter in 4x4 cm große Quadrate schneiden. In kochendem Salzwasser blanchieren, in Eiswasser abschrecken und auf einem Tuch gut abtropfen. Den Speck in kleine Würfel schneiden und ebenfalls kurz blanchieren. Abgießen und in einer Sauteuse ein wenig anschwitzen, Sahne zugeben und alles auf die Hälfte reduzieren.
Den Wirsing beigeben, mit Salz, Pfeffer und Muskat leicht abschmecken.

Die Vögel ausnehmen, wenn nötig abflämmen, mit Salz und Wacholder würzen. Je eine Scheibe Speck darüberdecken und das Rebhuhn mit dem Speck in Form binden. Die Rebhühner mit dem Öl in eine Sauteuse geben und im vorgeheizten Ofen bei ca. 190°C 10 Minuten langsam braten. Herausnehmen, Speck entfernen und nochmals 3–5 Minuten im Ofen garen. Dabei mehrfach mit dem heißen Fett übergießen.

Die Trüffel klein schneiden, in etwas Butter ansautieren und salzen. Mit Madeira ablöschen und mit beiden Geflügelfonds auffüllen. Trüffeljus zugeben und um ein Drittel der Menge reduzieren. Die Butter in kleinen Stückchen einrühren. Mit Salz abschmecken.

Fertigstellung:

Die Feigen in ca. 5 mm dicke Scheiben schneiden. Mit etwas Butter in einer Pfanne erhitzen. Zusammen mit dem Wirsing auf vorgewärmten Tellern anrichten und das Rebhuhn daneben plazieren. Die Sauce getrennt dazu servieren.

Hasenragout

für 4 Personen

Auch für ein Ragout sollten Sie bei Ihrem Händler ausdrücklich Keulen von jungen Hasen verlangen, sonst müssen Sie sie zu lange schmoren und sie werden dadurch unweigerlich trocken

Zutaten:

Hasen

4 Hasenkeulen, sorgfältig enthäutet
Salz
Öl zum Anbraten

Marinade

2 Lorbeerblätter
1 EL Pfefferkörner
2 Thymianzweige
3 Nelken
300 g rote Zwiebeln, zerkleinert
100 g Staudensellerie, zerkleinert
150 g Karotten, zerkleinert
10 Petersilienstengel
4 cl Olivenöl
1 l Rotwein
5 Wacholderbeeren

Sauce

0,7 l Wildfond
100 g Butter
Salz

Garnitur

250 g Pfifferlinge oder andere Pilze
30 g Butter
Salz

Zubereitung:

Das Hasenfleisch von den Knochen lösen und mit den Knochen in ein passendes Gefäß legen, mit den Zutaten der Marinade bedecken.
Mindestens 12 Stunden marinieren. Dann das Fleisch aus der Marinade nehmen, mit einem Tuch gut abtrocknen und in große Würfel schneiden. Salzen.
Die Marinadenflüssigkeit abpassieren und zur späteren Verwendung auf die Seite stellen. Die Gemüse gut abtropfen lassen.

Die Hasenstücke in einer Pfanne mit etwas Öl anbraten, herausnehmen und in einen großen Topf oder Behälter setzen.
Das Marinadengemüse in derselben Pfanne anbraten und dann über das Fleisch verteilen. Mit dem Wildfond und der Marinadenflüssigkeit aufgießen und im vorgeheizten Ofen bei 150°C etwa 2 Stunden garen. Dabei die Knochen mitbraten lassen. Dann das Fleisch herausnehmen und zugedeckt warm stellen. Den Garsud abpassieren und auf 0,5 l einkochen. Die Butter zugeben, im Mixer aufschlagen und mit Salz abschmecken.

Die Pilze putzen und, wenn nötig, waschen. In Butter sautieren, bis sie keine Flüssigkeit mehr abgeben. Salzen.

Bratäpfel

4 Äpfel (Boskop, Cox Orange
oder Gravensteiner)
50 g Butter
1 EL Preiselbeeren
30 g Zucker
½ Zitrone, Saft
1 EL Weißwein

Mit einem Apfelausstecher das Kerngehäuse entfernen. Die Äpfel in eine gebutterte flache Bratpfanne setzen, mit den Preiselbeeren füllen und mit Zucker bestreuen. Die Butter in Flöckchen darauf verteilen und in den auf mindestens 260°C vorgeheizten Ofen schieben. Diese hohe Temperatur ist erforderlich, damit die Äpfel nicht dämpfen, sondern braten.
Kurz vor Beendigung der Garzeit Zitronensaft und Weißwein zugeben. Die Äpfel so lange im Ofen lassen, bis sich der Saft mit dem Weißwein zu einer dickflüssigen Sauce entwickelt hat, die Sie dann beim Servieren über die Äpfel geben.

Fertigstellung:

Die Hasenkeulenstücke in die Sauce zurückgeben. Zusammen in eine vorgewärmte Schüssel füllen und die sautierten Pilze darüberstreuen.

Die Bratäpfel getrennt dazu reichen.

Bemerkung:

Dieses Ragout kann natürlich auch mit anderem Wild zubereitet werden.

Wildentenbrust mit „schwarzen Nüssen" nach Otto Koch, für 4 Personen

Für die „schwarzen Nüsse" müssen Sie ab etwa Mitte Juni bis Mitte Juli auf Suche gehen. Auf dem Markt werden Sie nämlich die jungen grünen Walnüsse, die Sie dafür brauchen, nicht finden. Aber vielleicht haben Sie einen Nußbaum im Garten oder Freunde, bei denen Sie ernten dürfen. Die Nüsse sollten mitsamt ihrer giftgrünen Hülle nicht größer sein als reife, bereits von ihren Schalen befreite Walnüsse. Man muß sie mit einer Nadel widerstandslos durchstechen können. Am besten, Sie schneiden eine Nuß probehalber durch: Die innere Schale darf sich noch nicht ausgebildet haben, sie darf nicht fest oder gar schon holzig sein. Auf diese Weise eingemachte Nüsse halten sich übrigens jahrelang

Zutaten:

Eingemachte „schwarze Nüsse"

500–700 g grüne Walnüsse, mit noch weicher Schale
1 l Wasser
500 g Zucker
½ l Sherry-Essig

Sauce

0,1 l Rotwein
4 cl Portwein
2 Schalotten
1 TL Preiselbeeren
10 Pfefferkörner
5 Champignons
1 l brauner Wildfond
die Leber der Enten
Muskatblüte
weißer Pfeffer
3 EL Butter
0,1 l frisches Tierblut
Salz

Entenbrüste

2 junge Wildenten
Öl zum Braten
Salz
6 eingelegte „schwarze Nüsse"

Zubereitung:

Die Nüsse mit einer Gabel rundherum einstechen und 8–10 Tage wässern, dabei das Wasser täglich erneuern. Das Wasser mit dem Zucker und dem Essig aufkochen und die Walnüsse darin garen. Wenn diese leicht von einer durchgestochenen Nadel abfallen, sind sie weich genug. Heiß in Einmachgläser füllen, mit dem kochendheißen Sirup bedecken, die Gläser sofort verschließen.

Rotwein und Portwein mit einer feingeschnittenen, gewaschenen Schalotte, den Preiselbeeren, den Pfefferkörnern und den grobgeschnittenen Champignons auf ein Viertel einkochen. Mit Wildfond auffüllen und nochmals auf die Hälfte reduzieren. Die Leber fein hacken, mit Muskatblüte und weißem Pfeffer würzen. Die zweite Schalotte ebenfalls fein schneiden und waschen. In 1 EL Butter anschwitzen und die Leber darin erwärmen, jedoch nicht braten. Durch ein Haarsieb streichen. Das Blut zur Sauce geben und kurz durchkochen. Die Leber mit der restlichen Butter einrühren und den Topf vom Herd nehmen. Die Sauce darf nicht mehr kochen. Abpassieren und im Mixer aufschlagen. Eventuell mit Salz abschmecken.

Die Enten würzen und im Ofen bei 220°C ca. 8 Minuten braten. Herausnehmen und außerhalb des Ofens 5 Minuten ruhen lassen. Dann nochmals für 3 Minuten in den Ofen stellen. Die Haut entfernen und die Brüste von den Karkassen lösen.

Fertigstellung:

Die eingelegten Nüsse in möglichst dünne Scheiben schneiden und in etwas Einweck-Sud erhitzen. Die Entenbrüste auf vorgewärmten Tellern anrichten, mit der Sauce nappieren und mit den abgetrockneten Nußscheiben umlegen.

Rehkitzkeule in Wacholdersauce

für 4 Personen

Um eine schöne Keule von einem Rehkitz zu erhalten, sollten Sie sich mit Ihrem Wildhändler gut stellen. Man bekommt Rehkitzkeulen selten, auf dem Land eher als in der Stadt

Zutaten:

Rehkitzkeule

1 Rehkitzkeule von ca. 1,2–1,5 kg
Salz
Öl zum Braten

Sauce

2 Karotten
2 Zwiebeln
1 Stück Lauch
1 Stück Sellerie
1 Lorbeerblatt
10 Pfefferkörner
20 g Speck, durchwachsen
2 cl Portwein
½ l Rotwein
½ l Wildfond oder Brühe
15 Wacholderbeeren
100 g Butter
Salz

Zubereitung:

Die Rehkitzkeule gut parieren und die Parüren aufbewahren. Die Keule salzen und in einem flachen Bräter in etwas Öl anbraten. Dann die Parüren zugeben und im vorgeheizten Ofen bei 240°C ca. 25 Minuten braten. Die Keule herausnehmen und auf einem Gitter ca. 10 Minuten ruhen lassen.

Die geputzten und grobgewürfelten Gemüse mit dem Lorbeerblatt, den Pfefferkörnern und dem kleingeschnittenen Speck zu den Parüren in den Bräter geben, die Keule wieder daraufsetzen und 10 Minuten weitergaren. Das Fleisch herausnehmen, den Bräter wieder auf die Herdplatte stellen und den Bratensatz mit den Weinen ablöschen. Mit dem Fond aufgießen und auf die Hälfte reduzieren. Die Wacholderbeeren fein hacken, zur Sauce geben und sofort abpassieren, damit der Wacholdergeschmack nicht zu intensiv wird. Die Butter einrühren und die Sauce damit binden. Mit Salz abschmecken.

Fertigstellung:

Die Keule vom Knochen weg in Scheiben schneiden, auf Tellern anrichten und mit der sehr natürlichen Sauce servieren.

Bemerkung:

Als Beilage empfehle ich hausgemachte Nudeln und kleine Pfifferlinge.

Wildrouladen im Wirsingmantel

für 4 Personen

In einer Küche wird nichts weggeworfen. Auch aus kleinen Resten
läßt sich noch etwas machen, zum Beispiel aus den am Knochen sitzenden Fleischstückchen –
wenn Sie eine Rehkeule entbeint haben – die Farce für solche Wirsingröllchen

Zutaten:

Rouladen

400 g Rehfleisch, ausgelöst
150 g Schweinefleisch
1 Ei
1 EL Semmelbrösel
Salz
weißer Pfeffer aus der Mühle
8 Wirsingblätter
Butter zum Anbraten

Sauce

0,3 l Wildfond
0,2 l Crème double
100 g Butter
Salz, Pfeffer

Zubereitung:

Reh- und Schweinefleisch durch die feine Scheibe des Fleischwolfes drehen. Mit Ei, Semmelbröseln, Salz und Pfeffer gut vermischen.
Die Wirsingblätter in kochendem Salzwasser blanchieren. Die Strünke herausschneiden und die Blätter auf einem Tuch gut abtrocknen.
Die Fleischfarce auf die einzelnen Blätter verteilen und diese zu gleichmäßigen Röllchen einrollen. Dabei die Seitenteile mit einschlagen, so daß die Röllchen überall geschlossen sind. Mit Bindfaden umwickeln und verschnüren.
In einer Schmorpfanne etwas Butter erhitzen und die Wirsingröllchen auf allen Seiten gleichmäßig anbraten. Herausnehmen und im vorgeheizten Ofen bei 150°C warm halten.

Den Bratensatz mit Wildfond und Crème double ablöschen und auf zwei Drittel einkochen. Die Butter zugeben, verkochen lassen und die Sauce im Mixer aufschlagen. Mit Salz und Pfeffer abschmecken.

Fertigstellung:

Die Wirsingröllchen in der Sauce kurz ziehen lassen. Auf vorgewärmten Tellern anrichten, die Bindfäden entfernen, die Röllchen mit der Sauce übergießen.

Emincé vom Fasan in Wacholdersauce

für 4 Personen

Es ist sehr schwierig, einen Fasan im ganzen so zu braten,
daß die Brust saftig bleibt und die Keulen gar sind. Deshalb sollte man
die Brust besser auslösen und die Keulen für ein anderes Gericht vorsehen

Zutaten:

Emincé

2 Fasane

Wacholdersauce

700 g Fasanenknochen
Öl
1 Zwiebel
1 Stück Staudensellerie
0,1 l Weißwein
0,1 l Gin
¼ l Geflügeljus
½ l Fond blanc
¾ l Sahne
Salz
Pfeffer
10 g zerdrückte Wacholderbeeren
50 g Butter

Zubereitung:

Die Brüste und Keulen der Fasane auslösen und zur Seite stellen. Die Karkassen für die Sauce verwenden. Die Keulen für ein anderes Gericht vorsehen.

Die Fasanenknochen klein hacken und in Öl stark anbraten. In Würfel geschnittene Zwiebel und Staudensellerie zugeben und bei mäßiger Hitze im Ofen anbräunen.
Das Öl abgießen. Mit Weißwein und Gin ablöschen, einkochen lassen und dann mit dem Geflügeljus auffüllen. Wiederum einkochen lassen und anschließend mit dem Fond blanc auffüllen. Auf ein Drittel reduzieren, mit der Sahne aufgießen und weitere 15 Minuten kochen lassen. Mit Salz und Pfeffer abschmecken. Die Sauce abpassieren und in einem Topf mit den zerdrückten Wacholderbeeren am Herdrand so lange ziehen lassen, bis die Sauce den Wacholdergeschmack angenommen hat. Durch ein Tuch passieren. Die Butter zugeben und im Mixer aufschlagen. Eventuell noch mit Gin und Salz abschmecken.

Fertigstellung:

Die Fasanenbrüstchen in 1 cm dicke Scheiben schneiden und nur kurz in Butter braten, so daß sie innen saftig bleiben.
Die Scheiben auf vorgewärmten Tellern anrichten und mit der Sauce nappieren.

Beilagen

Bouillonkartoffeln

für 4 Personen

Sie passen am besten zu gesottenem Rindfleisch, zum Tafelspitz

Zutaten:

70 g Lauch
70 g Karotten
70 g Staudensellerie
¼ Knoblauchzehe
600 g Kartoffeln
80 g Butter
Salz, Pfeffer
Muskatnuß
½ l Consommé
2 EL gehackte Petersilie

Zubereitung:

Lauch, Karotten und Sellerie putzen und fein würfeln. Einen Topf mit der Knoblauchzehe ausreiben. Die geschälten Kartoffeln in 1 cm große Würfel schneiden.

Sellerie, Lauch und Karotten in 80 g Butter anschwitzen, Kartoffelwürfel zugeben und würzen. Mit der Consommé auffüllen und ca. 25–30 Minuten leicht kochen lassen. Zum Schluß die Kartoffeln mit einem Schaumlöffel aus der Flüssigkeit heben und mit der Petersilie bestreuen.

Gefüllte Ofenkartoffeln

für 4 Personen

Die Ofenkartoffeln können sogar zusammen mit einem Salat eine kleine Mahlzeit bilden

Zutaten:

4 große mehlige Kartoffeln
(z. B. Bintje)
40 g durchwachsener Speck
1 Schalotte
1 EL Petersilie
1 EL Kerbel
1 EL Schnittlauch
2 EL Sahne, flüssig
10 g Butter
Salz, Pfeffer
Muskatnuß
1 Eigelb
1 EL Milch

Zubereitung:

Die ungeschälten Kartoffeln in Alufolie packen und im Ofen bei ca. 170° 90 Minuten garen. Die Kartoffeln auspacken und das obere Drittel der Länge nach abschneiden. Die restliche Kartoffel mit einem Kaffeelöffel aushöhlen, so daß nur eine 5 mm dicke Wand erhalten bleibt. Das Kartoffelinnere und die abgeschnittenen Drittel ohne Schale mit einer Gabel fein zerdrücken und warm stellen.

Den Speck fein würfeln und in einer Pfanne leicht anrösten. Die feingeschnittene, gewaschene Schalotte beigeben und mit ansautieren, bis sie gar ist.

Die Zwiebel-Speck-Mischung mit den feingeschnittenen Kräutern, der Sahne und der Butter zu der warmen Kartoffelmasse geben, mit Salz, Pfeffer und Muskatnuß abschmecken. Die Masse in die ausgehöhlten Kartoffeln füllen. Das Eigelb mit der Milch verquirlen und die gefüllten Kartoffeln damit bestreichen.

Fertigstellung:

Im Backofen bei starker Oberhitze oder unter dem Grill überbacken, bis die Oberfläche goldbraun ist.

Kartoffelküchlein

für 4 Personen

Die richtige Kartoffelsorte für die Küchlein:
Bintje oder Primula

Zutaten:

500 g Kartoffeln, mehlig kochend
1 Ei
Salz, Pfeffer
Muskatnuß
100 g Pfifferlinge
Öl
eventuell 1 EL Schlagsahne

Zubereitung:

Die Kartoffeln schälen, kochen und grob zerkleinert im Ofen ausdämpfen lassen. Durch eine Kartoffelpresse drücken, mit dem Ei gut vermischen und würzen. Die Pfifferlinge waschen und putzen. In wenig Wasser mit etwas Salz und Pfeffer dünsten und auf einem Tuch trocken tupfen. Etwas erkalten lassen und unter die Kartoffelmasse mengen. Sollte die Masse sehr fest sein, 1 EL Schlagsahne unterziehen.

Fertigstellung:

In eine heiße Eisen- (oder Teflon-) Pfanne ohne Öl mehrere eßlöffelgroße Portionen geben und mit dem in Öl getauchten Löffel flach drücken, so daß Küchlein von ca. 5 mm Höhe entstehen.
Die eine Seite auf der Herdplatte Farbe nehmen lassen, dann im Ofen ca. 2–3 Minuten weitergaren. Die Pfanne wieder auf den Herd stellen, die Küchlein wenden und auch die zweite Seite goldbraun braten.

Pommes Maxim

für 4 Personen

Pommes Maxim passen zu jeder Art von gebratenem Fleisch

Zutaten:

Béchamelsauce

1 EL Butter
1 EL Mehl
0,15 l Milch
Salz

Kartoffeln

Butter für die Förmchen
600 g große mehlige Kartoffeln
Salz
6 EL Béchamelsauce
Pfeffer
Muskatnuß
Öl zum Braten

Zubereitung:

Butter zerlassen und das Mehl darin anschwitzen, aber keine Farbe nehmen lassen. Mit der Milch auffüllen, alles mindestens 20 Minuten köcheln, damit der Mehlgeschmack verschwindet. Zum Schluß salzen.

Förmchen (von 5–6 cm ⌀) mit Butter auspinseln. Kartoffeln schälen, in Scheiben schneiden und nur wenig kleiner als die Förmchen ausstechen. Kurz in stark gesalzenem Wasser blanchieren, abgießen und auf einem Tuch gut abtrocknen. Mit der Béchamelsauce mischen und mit Salz, Pfeffer, Muskat abschmecken. Die Scheiben fest in die Förmchen einschichten.
Öl in einem flachen feuerfesten Gefäß erhitzen und die Förmchen einsetzen, so daß sie bis zu ¾ ihrer Höhe im Öl stehen. Im Ofen bei 250°C ca. eine Stunde garen.
Die Pommes Maxim zum Servieren stürzen. Sie sollten ringsum eine schöne braune Farbe haben.

Bemerkung:

Diese Kartoffelbeilage kann gut vorbereitet werden, da man sie nach dem Garen lange im Öl warm halten kann, ohne daß ein Qualitätsverlust eintritt.

Brandteig-Kartoffeln mit Spinat

für 4 Personen

Sie werden in heißem Öl gegart, wobei die richtige Temperatur (ca. 160°C) sehr wichtig ist, damit die Kartoffelnocken außen goldbraun und innen gar sind.
Deshalb entweder ein geeignetes Fett-Thermometer benützen oder mit einem Holzlöffel prüfen: wenn langsam Bläschen daran emporsteigen, ist die richtige Temperatur erreicht

Zutaten:

Brandteig

0,1 l Milch
35 g Butter
Salz
Muskatnuß
70 g Mehl
3 Eier
600 g Kartoffeln
100 g Spinat ohne Stiele
30 g Butter
Öl zum Ausbacken

Zubereitung:

Die Milch mit der Butter und den Gewürzen zum Kochen bringen, das Mehl zugeben. So lange rühren, bis der Teig einen Kloß bildet und sich von der Topfwand löst.
Auf ca. 50°C abkühlen lassen, erst dann die Eier einzeln zufügen und unterarbeiten, bis der Teig glänzt und weich vom Löffel fällt.

Kartoffeln schälen und in Salzwasser garen. Abgießen, pürieren oder durch eine Kartoffelpresse drücken. Das Kartoffelpüree unter die Brandteig-Masse mischen und nochmals abschmecken.

Den Spinat waschen, die Butter in einem großen Topf erhitzen und den tropfnassen Spinat darin weichdämpfen. Salzen, auf einem Sieb gut ausdrücken und anschließend fein hacken. Den Spinat unter die Kartoffel-Brandteig-Masse mischen.

Fertigstellung:

Das Öl in einem Topf erhitzen. Mit einem Eßlöffel Nocken von der Masse abstechen und im heißen Öl bei ca. 170°C ausbacken.

Bemerkung:

Ich empfehle diese Beilage zu kurzgebratenem Fleisch.

Gratin Dauphinois

für 4 Personen

Paßt zu jedem gebratenen Fleisch, das von wenig oder gar keiner Sauce begleitet wird

Zutaten:

500 g Kartoffeln
1 Knoblauchzehe
Salz, Pfeffer
0,6 l Sahne

Zubereitung:

Die Kartoffeln schälen und in dünne, gleichmäßige Scheiben schneiden. Eine flache Form mit der Knoblauchzehe ausreiben, salzen, die Kartoffeln ziegelartig einschichten und auch diese salzen und pfeffern. Sahne aufkochen und über die Kartoffeln geben. Im Wasserbad im vorgeheizten Ofen bei 220°C ca. 90 Minuten garen.

Ca. 30 Minuten außerhalb des Ofens stehenlassen, dann die überschüssige Sahne abgießen und vor dem Servieren nochmals im Backofen kurz erhitzen.

Orientalischer Reis

für 4 Personen

Nehmen Sie Basmati-Reis (in China- oder Asienläden erhältlich), einen besonders schlanken Langkornreis aus Pakistan oder Bangladesh. Er paßt sehr gut zu Curry-Gerichten

Zutaten:

0,1 l Olivenöl
50 g Fadennudeln
160 g Basmati-Reis, ungeschliffen
¼ l Geflügelbrühe
Salz
2 EL Rosinen
0,1 l schwarzer Tee
2 EL Ananaswürfel
½ Banane, gewürfelt
2 EL Pinienkerne
1 EL Mandeln, gehobelt
und geröstet
1 EL Pistazienkerne
Ananassaft
30 g Butter

Zubereitung:

In einem Topf (ca. 30 cm ⌀) das Öl erhitzen und die grob zerbrochenen Fadennudeln darin bräunen. Das überflüssige Fett abgießen, den Reis zugeben, mit der Brühe aufkochen lassen und salzen. Dann im vorgeheizten Ofen bei ca. 220°C 20 Minuten zugedeckt garen.

Die Rosinen in schwarzem Tee einweichen.

Fertigstellung:

Den gegarten Reis mit den verschiedenen Früchten und Nüssen, dem Ananassaft und der kalten Butter gut vermengen, heiß servieren.

Petersilienpüree

für 4 Personen

Der Petersilie wird hier ein Teil Spinat beigemischt, damit sie nicht zu sehr vorschmeckt

Zutaten:

200 g krause Petersilie
40 g glatte Petersilie
50 g Spinat ohne Stiele
1 Schalotte
20 g Butter
½ l Crème double
Salz, Pfeffer
2 EL geschlagene Sahne

Zubereitung:

Die gezupfte Petersilie und den entstielten Spinat waschen, kurz blanchieren und sofort in Eiswasser abschrecken. Gut ausdrücken und hacken.
Die feingeschnittene und gewaschene Schalotte in Butter andünsten, ohne sie Farbe nehmen zu lassen. Die Petersilie und den Spinat zugeben, mit Crème double aufgießen und zum Kochen bringen. Auf die Hälfte reduzieren und anschließend im Mixer pürieren. Mit Salz und Pfeffer abschmecken.

Fertigstellung:

Die geschlagene Sahne unter das Püree ziehen.

Selleriepüree

für 4 Personen

Besonders gut zu Lamm, Wild und Wildgeflügel

Zutaten:

500 g Sellerie
Salz
5 EL Crème double
80 g braune Butter
1 EL geschlagene Sahne

Zubereitung:

Die Sellerieknolle schälen, klein schneiden und in wenig Salzwasser dünsten, bis sie weich und das Wasser verdampft ist.
Crème double zugeben, kurz mitkochen und im Mixer sehr fein pürieren.
Die braune Butter unterziehen, nachwürzen und die geschlagene Sahne unterheben.

Maronenpüree

für 4 Personen

Die besten Maronen stammen aus Deutschland: aus Baden und aus der Pfalz. Sie sind wesentlich kleiner als die aus dem Süden importierten Früchte, aber auch viel aromatischer

Zutaten:

1 EL Salz
1 EL Zucker
400 g frische Maronen
¼ l Crème double
3 EL geschlagene Sahne
1 TL Kirschwasser

Zubereitung:

Ca. 2 l Wasser mit Salz und Zucker aufkochen und die Maronen in ihrer Schale (nicht eingeschnitten) darin gut weich kochen.
Das Wasser abgießen, die Maronen halbieren und das Fleisch mit einem Löffel herauskratzen. Sofort mit der Crème double vermischen und durch ein Haarsieb passieren. In einer Sauteuse erhitzen, Schlagsahne und Kirschwasser unterheben.

Bemerkung:

Das Maronenpüree als Beilage zu Wild oder Geflügel servieren.

Püree von Grünkohl und Wirsing

für 4 Personen

Eine Beilage, die hervorragend zu Wildgeflügel paßt

Zutaten:

600 g geputzte innere Wirsingblätter
Salz
300 g geputzter Grünkohl
½ l Crème double
Pfeffer
Muskatnuß
2 EL geschlagene Sahne

Zubereitung:

Die geputzten Wirsingblätter ohne Strunk in Salzwasser weichkochen und in Eiswasser abschrecken. Gut ausdrücken und fein hacken.

In gleicher Weise mit dem Grünkohl verfahren.

Beide Gemüse in einem Topf mit der Crème double verrühren und gut durchkochen lassen. Mit dem Pürierstab oder im Mixer pürieren, mit Salz, Pfeffer und Muskatnuß abschmecken.

Die geschlagene Sahne unterziehen.

Rosenkohlblätter in Sahne mit Speckwürfelchen

für 4 Personen

Rosenkohl schmeckt am besten, wenn er Frost bekommen hat – ab November bis in den späten Januar

Zutaten:

400 g Rosenkohl
Salz
40 g durchwachsener Speck
0,15 l Sahne
Muskatnuß

Zubereitung:

Die einzelnen Rosenkohlblätter von den Röschen lösen. In Salzwasser kochen, so daß sie noch etwas Biß haben. Abgießen und gut abtropfen lassen.
Den Speck in sehr feine Würfel schneiden und in kochendem Wasser kurz blanchieren. Abpassieren und auf einem Tuch gut ausdrücken.
Die Sahne auf die Hälfte reduzieren, die Speckwürfel beigeben, mit wenig Salz und Muskat abschmecken.
Die Rosenkohlblätter unter die Sahne mischen.

Bemerkung:

Diese Beilage paßt hervorragend zu Reh, Taube oder Kaninchen.

Schwarzwurzeln polnisch

für 4 Personen

Schwarzwurzeln schmecken – wie jedes Wintergemüse –
am besten nach dem ersten Frost

Zutaten:

800 g Schwarzwurzeln
Milch
Salz

Butterbrösel
80 g Weißbrot (2 Tage alt)
150 g Butter
Salz

Zubereitung:

Die Schwarzwurzeln waschen, schälen und sofort bis zum Kochen in Milch legen, damit sie nicht braun werden.
In 4 cm lange Stücke schneiden und in leicht gesalzenem Wasser nicht zu weich kochen.

Das Weißbrot entrinden, fein reiben und durch ein Haarsieb schütteln. Die Butter in einer Kasserolle erhitzen und die Brösel langsam unter ständigem Rühren goldbraun rösten. Mit Salz abschmecken.

Fertigstellung:

Die Schwarzwurzeln gut abtropfen lassen. Die Butterbrösel darüber verteilen, so daß die Schwarzwurzeln damit überzogen sind.

Bemerkung:

Arbeiten Sie beim Putzen der Schwarzwurzeln mit Gummihandschuhen, sonst bekommen Sie schwarze Finger!

Artischocken-Apfel-Gratin

für 4 Personen

Am besten eignen sich dafür die kleinen aromatischen Artischocken aus Süditalien. Sie sind grünlich-lila und haben oft ausgeprägte Dornen an den Blattspitzen

Zutaten:

1 Apfel
2 Artischockenböden
1 EL Olivenöl
0,3 l Sahne
8 halbe Aprikosen
1 kleine Prise Salz

Zubereitung:

Den Apfel schälen, vierteln, das Kerngehäuse entfernen und die Viertel quer in Scheiben schneiden. Die Artischockenböden ebenfalls in Scheiben schneiden und in Olivenöl anschwitzen.
Die Sahne aufkochen. Äpfel, Artischocken und Aprikosenhälften oder -viertel in eine flache Gratin- oder Pieform einschichten, salzen und mit der heißen Sahne aufgießen, bis alles gut bedeckt ist.
Bei 150°C im Wasserbad etwa eine Stunde im Ofen lassen, bis die Oberfläche gratiniert. Ca. 30 Minuten außerhalb des Ofens stehenlassen, die überschüssige Sahne abgießen und vor dem Servieren im Ofen kurz erhitzen.

Bemerkung:

Diese ungewöhnliche Beilage paßt besonders gut zu Wild.

Kürbisgemüse

für 4 Personen

Auf dem Münchner Viktualienmarkt kann man Kürbis noch kaufen, vom halbzentnerschweren Stück portionsweise abgeschnitten. Lassen Sie sich die Kerne mit einpacken: gewaschen, gut abgetrocknet, in wenig Öl in der Pfanne geröstet, schmecken sie köstlich zu einem Glas Wein

Zutaten:

300 g Kürbis, ohne Schale
50 g Butter
4 Tomaten
Salz
2–3 Basilikumblätter

Zubereitung:

Den Kürbis in ca. 5 x 5 cm große Würfel schneiden und in der Butter ansautieren.
Die Tomaten enthäuten, entkernen, ebenfalls würfeln, kurz mitdünsten und salzen.
Das Basilikum in feine Streifen schneiden und zum Schluß zugeben.

Bemerkung:

Diese Beilage eignet sich besonders zu Geflügel, wie z. B. der Poularde in Rosmarinsauce auf Seite 164.

Zwiebel-Confit

für 4 Personen

Paßt zu gekochtem Fleisch,
zum Beispiel zu Lamm

Zutaten:

270 g weiße Zwiebeln, geputzt
180 g Butter
5 cl Wasser
Salz

Zubereitung:

Die Zwiebeln halbieren und in Streifen schneiden. Gründlich waschen und mit der Butter und den 5 cl Wasser in einer Sauteuse weichdünsten. Mit Salz abschmecken.

Tomaten, gefüllt mit Ratatouille

für 4 Personen

Verwenden Sie dafür festfleischige Gärtnertomaten aus einheimischem Anbau.
Bewahren Sie übrigens Tomaten nie im Kühlschrank auf: Kälte schadet ihrem Aroma

Zutaten:

4 kleine Tomaten
1 Zucchini
1 gelbe Paprikaschote
2 EL Butter oder Olivenöl
1 geschälte Knoblauchzehe
Salz, Pfeffer
100 g Weißbrot (2 Tage alt)
2–3 Blätter Basilikum
sehr wenig Thymian

Zubereitung:

Die Tomaten enthäuten (falls sich die Haut nicht gut abziehen läßt, vorher überbrühen und sofort eiskalt abschrecken) und am Stielansatz eine Kappe abschneiden, so daß man mit einem kleinen Löffel die Kerne herausschaben kann.
Zucchini schälen. Von der Paprikaschote die Haut ablösen, indem man die Schote in heißes Öl taucht und dann in Eiswasser abschreckt. So läßt sich die Haut leicht entfernen.

Zucchini, Paprika und die Tomatenabschnitte in kleine Würfel schneiden und in 1 EL Butter oder dem Olivenöl anschwitzen. Die geschälte Knoblauchzehe auf eine Gabel spießen und damit einmal durch das Gemüse fahren. Mit Salz und Pfeffer abschmecken.
Die Tomaten mit Ratatouille füllen und außen würzen. Das Weißbrot reiben, Basilikum und Thymian sehr fein schneiden und unter das Brot mischen. Die Tomaten darin wälzen, in eine flache Kasserolle setzen, mit Butterflöckchen belegen oder mit Olivenöl beträufeln und im Ofen leicht Farbe nehmen lassen.

Bemerkung:

Die gefüllten Tomaten schmecken besonders gut zu Lamm oder gebratenem Geflügel.

Spargel in Bröselbutter

für 4 Personen

Bei Spargel ist der teuerste der billigste: Dicke Stangen bringen weniger Abfall, machen weniger Mühe beim Schälen und haben mehr Aroma.
Ob Spargel frisch ist, können Sie hören: Es klingt satt und dumpf, wenn Sie die Stangen aneinanderklopfen, alter Spargel klatscht hohl gegeneinander

Zutaten:

Spargel

1 TL Zucker
Salz
½ Zitrone, Saft
1 kg Stangenspargel, frisch gestochen
1 Stück Weißbrot

Bröselbutter

40 g Weißbrot (2 Tage alt)
40 g Brioche (2 Tage alt)
150 g Butter
Salz

Zubereitung:

In einem Topf (ca. 30 cm ⌀) reichlich Wasser zum Kochen bringen, mit Zucker, Salz und dem Saft einer halben Zitrone würzen. Den Spargel und das Stück Weißbrot zugeben und ca. 10 Minuten stark kochen.
(Das Brot entzieht eventuell vorhandene Bitterstoffe.)

Weißbrot und Brioche entrinden und fein reiben. In einer Sauteuse (möglichst aus Kupfer) die Butter schmelzen und die Brösel darin langsam bräunen. Zum Schluß mit Salz abschmecken.

Fertigstellung:

Spargel auf ein Tuch geben und abtropfen lassen. Auf Tellern anrichten und die heißen Butterbrösel darübergeben.

Gedämpfter Staudensellerie mit Mark

für 4 Personen

Paßt zu kurzgebratenem Fleisch,
zu dem keine Sauce serviert wird

Zutaten:

1 Staude Bleichsellerie
20 g Karotte, geputzt
20 g Lauch, geputzt
20 g Zwiebel, geputzt
20 g Butter
Salz
¼ l Fond blanc
ca. 40 g Butter
Kerbel
Basilikum
50 g Ochsenmark
Pfeffer

Zubereitung:

Die Staude in die einzelnen Stangen teilen, diese schälen und in ca. 8 cm lange Stücke schneiden.

Karotte, Lauch und Zwiebel putzen, fein würfeln und in 20 g Butter ansautieren. Den Staudensellerie zugeben, salzen und mit dem Fond blanc auffüllen.

Im vorgeheizten Backofen bei ca. 200°C ca. 25 Minuten zugedeckt dämpfen. Die Selleriestücke aus dem Garsud nehmen und warm stellen. Den Sud abpassieren, um die Gemüsewürfel zu entfernen. Auf dem Herd die kalte Butter in kleinen Stücken in die Flüssigkeit einschwenken, um eine leichte Bindung zu erzielen. Die feingeschnittenen Kräuter beigeben.

Das Ochsenmark in kochendem Wasser kurz blanchieren und gut abtropfen lassen. Mit Pfeffer und Salz würzen.

Fertigstellung:

Die Selleriestücke auf Tellern anrichten, die Ochsenmarkscheiben darauf verteilen und mit der Sauce überziehen.

Schokoladen-Terrine mit Minzesauce und Walderdbeeren

für 6–8 Personen

Nehmen Sie vorzugsweise die milde und aromatische rotblättrige Minze oder auch arabische Minze – auf keinen Fall paßt die scharfe Pfefferminze, die in unseren Gärten häufiger zu finden ist

Zutaten:

Terrine

325 g Couverture
3 Eiweiß
50 g Zucker
½ l Crème double
1 TL Zucker

Minzesauce

1 Bund Minze
½ l Sahne
Crème de menthe-Likör
Zucker
½ Zitrone
1 EL geschlagene Sahne

Garnitur

1 Schälchen Walderdbeeren
6–8 Minzeblätter

Zubereitung:

Die Couverture in einer Metallschüssel im Wasserbad schmelzen. In einer weiteren Schüssel die drei Eiweiß mit 50 g Zucker und in einer anderen Schüssel die Crème double mit einem Teelöffel Zucker steif schlagen. Die geschlagene Crème double unter den Eischnee ziehen. Die Schüssel mit der heißen Couverture aus dem Wasserbad nehmen und mit der Hand die Eiweiß-Sahne-Mischung unterziehen. Falls sich diese nur schwer mit der Couverture bindet, liegt dies daran, daß die Schokolade dabei zu schnell erkaltet, geben Sie dann die Schüssel während des Vermischens nochmals kurz in das Wasserbad. In eine Terrinen-Form füllen und in den Kühlschrank stellen.

Die Minzeblätter von den Stengeln zupfen und in feine Streifen schneiden. Die Sahne einmal kurz aufkochen lassen, die Minze zugeben und im Mixer kräftig aufschlagen. Die Minze-Sahne langsam auskühlen lassen und mit dem Likör, ganz wenig Zucker und Zitronensaft abschmecken.

Fertigstellung:

Die Terrine stürzen und eine halbe Stunde vor dem Servieren noch außerhalb des Kühlschranks stehenlassen. Die geschlagene Sahne unter die Minzesauce ziehen und je ca. 4 EL auf kalte Teller geben. Die in Scheiben geschnittene Terrine darauf anrichten und mit reichlich Walderdbeeren und den Minzeblättern garnieren.

Mousse von weißer Schokolade mit Walderdbeeren

für 4 Personen

Hierfür brauchen Sie weiße Couverture, die Sie in gut sortierten Delikateß- oder Confiserie-Läden bekommen. Mit handelsüblicher weißer Schokolade gelingt die Mousse nicht

Zutaten:

Mousse

45 g Butter, weich
15 g Staubzucker
2 Eigelb (Zimmertemperatur)
90 g weiße Couverture
3 EL Kirschwasser, lauwarm
200 g geschlagene Sahne

Garnitur

1 Schälchen Walderdbeeren
12 kleine Minzeblätter
(s. S. 217 oben)

Zubereitung:

Butter und Staubzucker schaumig schlagen, Eigelb zugeben und ca. 5 Minuten weiterschlagen.
Die Couverture in grobe Stücke schneiden und in einer Metallschüssel im Wasserbad schmelzen. Mit dem Schneebesen das Kirschwasser und die geschmolzene Couverture unter die Butter-Eigelb-Masse ziehen, zum Schluß die geschlagene Sahne unterheben.
Die Mousse in eine flache Schüssel füllen und zum Erstarren für mindestens 2–3 Stunden in den Kühlschrank stellen.

Fertigstellung:

Mit einem immer wieder in heißes Wasser getauchten Löffel Nocken aus der Mousse stechen.
Jeweils drei davon auf kalten Tellern anrichten und mit den Walderdbeeren und den Minzeblättern garnieren.

Crêpes mit Orangen überbacken

für 4 Personen

Die Crêpes in einer kleinen, möglichst eisernen Pfanne backen, die Sie ausschließlich für Eiergerichte in Ihrer Küche verwenden. Darin können die Crêpes garantiert nicht ansetzen

Zutaten:

Orangensauce

4 Orangen, kernlos
2–3 EL Zucker
½ TL Kartoffelmehl
1 TL Grand Marnier
0,1 l geschlagene Sahne

Crêpes

6 cl Milch
0,1 l Sahne
60 g Mehl
2 Eier
1 Prise Salz
1 EL braune Butter
Butter zum Backen

Zubereitung:

Die Orangen wie Äpfel schälen, so daß nichts von der weißen Haut zurückbleibt. Die einzelnen Filets zwischen den Häuten herausschneiden. Mit der Hand die verbliebenen Orangenreste ausdrücken und den Saft auffangen. Die Filets auf einem Sieb gut abtropfen lassen. 0,2 l von dem gewonnenen Orangensaft abmessen und mit dem Zucker zum Kochen bringen. Auf die Hälfte reduzieren.
Das Kartoffelmehl in wenig Wasser auflösen und den Saft ganz leicht damit binden. Den Grand Marnier und die Orangenfilets beigeben und abkühlen lassen.

Milch, Sahne, Mehl, Eier und Salz zu einem glatten Teig verrühren. Die braune Butter langsam zugeben. Aus dem Teig dünne Crêpes backen.

Fertigstellung:

Die geschlagene Sahne unter die Orangensauce ziehen. Die Crêpes mit wenig Orangensahne füllen, mit dem Rest bedecken und bei starker Oberhitze im Ofen oder unter dem Grill gratinieren.

Topfenpalatschinken gratiniert

für 4 Personen

Ein gehaltvolles Dessert. Servieren Sie es nach einem leichten Hauptgericht

Zutaten:

Palatschinken

6 cl Milch
0,1 l Sahne
60 g Mehl
2 Eier
1 Prise Salz
20 g braune Butter
Butter zum Backen

Füllung

45 g Puderzucker
25 g Butter
2 Eigelb
125 g Quark (25%)
½ Zitrone, abgeriebene Schale
2 Eiweiß
100 g Crème fraîche

Gratinmasse

¼ l Sahne
1 Vanillestange
40 g Zucker
4 Eigelb
2 EL geschlagene Sahne
4 EL Sultaninen
(in Rum eingeweicht)

Zubereitung:

Milch, Sahne, Mehl, Eier und Salz zu einem glatten Teig verrühren. Die braune Butter langsam zugeben.

25 g Puderzucker, Butter und Eigelb schaumig rühren. Den Quark mit der abgeriebenen Zitronenschale beigeben. Eiweiß mit dem restlichen Zucker zu steifem Schnee schlagen und nach und nach vorsichtig unter die Quarkmasse ziehen. Zum Schluß die Crème fraîche beifügen.

Die Sahne erhitzen und das ausgekratzte Mark der Vanillestange darin ziehen lassen. Zucker und Eigelb schaumig rühren, die heiße Vanillesahne langsam während des Schlagens zugeben, so daß eine leichte Bindung entsteht. Nach dem Erkalten die geschlagene Sahne unterziehen.

Fertigstellung:

Aus dem Teig dünne Palatschinken backen. Diese mit ca. 3 EL der Quarkmasse füllen, mit Sultaninen bestreuen und zur Hälfte einschlagen. Die Palatschinken auf feuerfeste Teller oder eine flache Auflaufform legen und ca. 8 Minuten im Ofen backen, dann mit der Gratinmasse bedecken und bei 220°C im Ofen gratinieren. Sofort servieren!

Claire Fontaine à l'Orange

Grand-Marnier-Creme mit Orangenscheiben
für 4 Personen

Weil nach dem Stürzen der geklärte Saft wie aus einer klaren Quelle über die Creme fließt, hat das Dessert diesen poetischen Namen

Zutaten:

3 große Orangen, süß, kernlos,
mit dünner Schale,
unbehandelt

Sud/Sauce

0,4 l Orangensaft
0,1 l Wasser
60 g Zucker

Creme

4 Eigelb
70 g Zucker
4 Blatt Gelatine
50 g Grand Marnier
300 g geschlagene Sahne

Garnitur

Walderdbeeren

Zubereitung:

Die Orangen mit Schale in dünne Scheiben (ca. 2 mm) schneiden. Am besten geht das mit einer elektrischen Aufschnittmaschine. Nur die schönen Scheiben in einem flachen Gefäß ausbreiten. Den Rest auspressen und für Sud/Sauce mitverwenden.

Den Orangensaft mit Wasser und Zucker zum Kochen bringen und den Schaum dabei abschöpfen. Den Sud sehr heiß über die Orangenscheiben gießen und diese einen halben Tag darin ziehen lassen.
Falls die Scheiben dann noch nicht weich sind, muß der Sud nochmals abpassiert, erhitzt und wieder über die Orangen gegossen werden, damit diese noch eine Weile durchziehen.
Danach die Flüssigkeit durch ein Tuch passieren, eventuell etwas einkochen, damit sie später als klare Sauce verwendet werden kann. Die Orangenscheiben gut abtropfen lassen und vier Portionsschälchen damit auslegen.

Die Eigelb mit dem Zucker schaumig schlagen, die Gelatine ca. 5 Minuten in kaltem Wasser einweichen. Grand Marnier leicht erwärmen (ca. 50°C) und die ausgedrückte Gelatine darin auflösen. Wieder abkühlen lassen und mit der geschlagenen Sahne unter den Eigelb-Schaum ziehen. Die Creme in die ausgekleideten Portionsschälchen füllen und zum Erstarren in den Kühlschrank stellen. Das dauert ca. eine Stunde.

Fertigstellung:

Heißes Wasser vorsichtig über die Außenseite der Schälchen laufen lassen und die „Claire Fontaine" auf große flache Teller stürzen. Mit 2–3 Eßlöffel Sauce begießen und mit Walderdbeeren garnieren.
Nach Belieben können als Garnitur auch Stückchen von Angelika (Engelwurz) und eine Rose aus Orangenschalen verwendet werden.

Zwetschgen-Terrine mit Rumsahne

für 6–8 Personen

Man sollte für diese Terrine unbedingt Zwetschgen verwenden, jene dunkelblauen, spitz zulaufenden Früchte, die erst spät im Jahr – ab Mitte September – reif werden. Pflaumen sind dafür nicht geeignet

Zutaten:

Zwetschgen-Terrine

400 g reife Zwetschgen
30 g Zucker
2 Blatt Gelatine
1 Orange, abgeriebene Schale
12 g gehobelte Mandeln
8 g geriebene Pistazien
1 cl Armagnac
1 cl Slivovitz

Rumsahne

¼ l Sahne
1 TL Puderzucker
4 cl Rum

Zubereitung:

Die Zwetschgen halbieren, entsteinen und mit dem Zucker weichkochen. Abgießen und den Sud auffangen. Diesen so lange reduzieren, bis nur noch ein dickflüssiger Sirup zurückbleibt.
Die Gelatine in kaltem Wasser einweichen, auspressen und in dem warmen Sirup (ca. 60°C) auflösen. Die abgeriebene Schale der Orange mit Mandeln, Pistazien und Spirituosen zugeben. Die Zwetschgen mit dem Sirup mischen und zusammen in eine Terrine oder Kastenform (Backform) füllen. Mindestens 4 Stunden kalt stellen.

Die Sahne mit dem Zucker halbsteif schlagen und mit dem Rum vermischen.

Fertigstellung:

Die Zwetschgen-Terrine stürzen, in Scheiben schneiden und mit der Rumsahne servieren.

Grand-Marnier-Parfait mit Rhabarberkompott und Walderdbeeren

für 4 Personen

Das ideale Dessert für Gäste – es ist schon fix und fertig, wenn sie kommen, und muß nur noch angerichtet werden

Zutaten:

Parfait

2 Eigelb
50 g Zucker
40 g Grand Marnier (4 EL)
¼ l geschlagene Sahne

Rhabarberkompott

500 g Rhabarber (ca. 3 Stangen)
100 g Zucker
1 Messerspitze Zimt
½ Vanillestange (Mark)

Garnitur

1 Schälchen Walderdbeeren
1 kleines Bund Minze

Zubereitung:

Die Eigelb mit dem Zucker im heißen Wasserbad nur ganz kurz lauwarm schlagen, dann mindestens 5 Minuten bis zum völligen Erkalten weiterschlagen. Grand Marnier und die geschlagene Sahne unterziehen und die Masse in kleine Förmchen (7–10 cm ⌀) füllen. Zum Gefrieren in das Tiefkühlgerät stellen.

Den Rhabarber schälen und in ca. 1 cm dicke Scheiben schneiden. Mit Zucker bestreuen und Saft ziehen lassen. Zusammen mit dem Zimt und dem Mark der halben Vanillestange bis zu einmaligem Aufkochen erhitzen und wieder langsam abkühlen lassen. Eventuell noch mit etwas Zucker abschmecken.
Zur Geschmacksverbesserung sollte das Kompott mindestens einen halben Tag stehen.

Fertigstellung:

Das gefrorene Eis-Parfait auf vorgekühlte Teller stürzen, mit dem Rhabarberkompott umlegen und mit reichlich Walderdbeeren und der Minze garnieren.

Bemerkung:

Keine Pfeffer-, sondern eine aromatische Minze verwenden (s. Seite 217).

Quarkknödel auf Rhabarberkompott
für 4 Personen

Am besten schmeckt der erste junge dunkelrote Freiland-Rhabarber, den es ab April zu kaufen gibt. Der dünne helle Treibhaus-Rhabarber, der schon vorher angeboten wird, ist fade

Zutaten:

Rhabarberkompott

500 g Rhabarber
100 g Zucker
1 Messerspitze Zimt
½ Vanillestange (Mark)
3 EL Erdbeermark

Quarkknödel

700 g Magerquark
50 g zimmerwarme Butter
3 Eier
Salz
½ Zitrone, Saft und
abgeriebene Schale
3 EL Zucker
150 g Weißbrot, 2 Tage alt,
ohne Rinde, gerieben

Butterbrösel

120 g Butter
100 g Semmelbrösel
80 g Zucker
1 TL Zimt

Garnitur

2 EL Puderzucker

Zubereitung:

Den Rhabarber schälen und in 1–2 cm dicke Scheiben schneiden. Mit dem Zucker bestreuen und mindestens eine Stunde Saft ziehen lassen. Zusammen mit dem Zimt und dem Mark der Vanillestange bis zu einmaligem Aufkochen erhitzen und wieder langsam abkühlen lassen. Eventuell noch mit etwas Zucker abschmecken.
Zur Geschmacksverbesserung sollte das Kompott einen halben Tag stehen.

Den Quark in einem Tuch sehr gut ausdrücken, so daß er möglichst trocken wird. Durch ein Sieb passieren und mit der Butter und den Eiern gut verrühren. 20 Minuten stehenlassen und in dieser Zeit mehrmals kräftig durchschlagen. Mit etwas Salz, Zitrone, Zucker und den Bröseln vermengen, nochmals eine halbe Stunde stehenlassen. Gut durchrühren, Knödel formen und in leise kochendem Salzwasser ca. 12 Minuten garen.

Die Butter in einer flachen Sauteuse schmelzen und die Brösel darin goldgelb rösten. Zum Schluß Zucker und Zimt untermischen.

Fertigstellung:

Die Knödel auf Tellern anrichten, die Brösel darüber verteilen und mit Puderzucker bestäuben.
Das Rhabarberkompott mit dem Erdbeerquark vermischen und zu den Quarkknödeln reichen.
Nach Belieben können auch Stückchen von Angelika (Engelwurz) als Garnitur verwendet werden.

Birne in der Folie mit Vanilleeis

für 4 Personen

Birnen verderben rasch, deshalb verkauft man sie heutzutage meist unreif, solange ihr Fleisch noch hart ist. Man muß sie einige Tage bei Zimmertemperatur liegen lassen, bis sie nachgereift sind. Die Schale färbt sich dann gelb, und die Birnen beginnen zu duften

Zutaten:

Birnen

8 EL Aprikosenmarmelade
½ Zitrone
4 EL Wasser
2 reife Williamsbirnen
Aluminiumfolie
2 Vanillestangen

Vanilleeis

0,35 l Sahne
¼ l Milch
0,1 l Kondensmilch
2 Vanillestangen
70 g Zucker
2 Eier
4 Eigelb
50 g Zucker

Zubereitung:

Die Aprikosenmarmelade auf dem Herd durch Erhitzen flüssig machen und zusätzlich mit dem Saft der halben Zitrone und dem Wasser verdünnen. Gut glattrühren. Die Birnen schälen, halbieren, das Kerngehäuse entfernen und die Früchte in 1–2 cm dicke Scheiben schneiden. Für jede Birnenhälfte aus der Folie Kuverts von ca. 25 cm² falten. Die Birnenscheiben einer Hälfte einlegen, mit der Marmelade bestreichen, je eine halbe Vanillestange mit dem ausgelösten Mark darauf verteilen und das Kuvert sorgfältig schließen. Dabei die Ränder mehrmals umfalzen, damit beim Garen kein Dampf entweicht.

Sahne, Milch, Kondensmilch und das Mark der Vanillestangen mit 70 g Zucker zum Kochen bringen. In einer Metallschüssel Eier, Eigelb und 50 g Zucker schaumig schlagen. Die sehr heiße Milch langsam in dünnem Strahl während des Schlagens zugießen. Die Schüssel in ein Wasserbad geben und die Masse auf dem Herd zur „Rose abziehen" (so dick schaumig rühren, daß in der Creme tiefe Spuren sichtbar bleiben). Durch ein Tuch passieren und abkühlen lassen. In der Eismaschine gefrieren.

Fertigstellung:

Die Birnen im vorgeheizten Ofen bei 210°C so lange garen, bis die Kuverts sich ballonartig aufblasen. Dies geschieht nach ca. 10–15 Minuten. Die Birnen in der Folie rasch zu Tisch tragen, dort öffnen und auf Tellern servieren. Das Vanilleeis getrennt reichen.

Himbeeren in Feigen auf Mandelschaum

für 4 Personen

Die Früchte bei Zimmertemperatur servieren,
damit sie ihr volles Aroma entwickeln können

Zutaten:

Feigen

4 reife blaue Feigen
1 Schälchen Himbeeren
Himbeergeist
eventuell Puderzucker

Mandelschaum

¼ l Schlagsahne
Mandelmilchsirup
einige Tropfen Bittermandelessenz

Zubereitung:

Die Feigen schälen und vierteln.
Die Himbeeren verlesen, nur wenn nötig, waschen.

Die Sahne halbsteif schlagen, mit dem Sirup und wenig Essenz aromatisieren.

Fertigstellung:

Den Mandelschaum auf tiefen, gekühlten Tellern verteilen.
Die Feigenviertel sternförmig darauf anrichten. Die Himbeeren in etwas Himbeergeist und eventuell wenig Puderzucker kurz erhitzen und in der Mitte auf den Feigen anrichten.

Armagnac-Pflaumen mit Karamelsauce und Limonen-Sorbet

für 4 Personen

Kaufen Sie für die Armagnac-Pflaumen französische Pruneaux d'Agen (in Feinkostläden erhältlich) möglichst mit Stein. Die Kerne nachher auszulösen, macht zwar etwas Mühe, aber diese Früchte schmecken am besten

Zutaten:

Armagnac-Pflaumen
24 Trockenpflaumen
½ l Armagnac

Karamelsauce
125 g Zucker
50 g Butter
0,2 l Sahne
1 Eigelb
5 cl Milch

Limonen-Sorbet
½ l Wasser
250 g Zucker
¼ l Limonensaft
1 EL Eiweiß

Garnitur
etwas flüssige Couverture
8 große Minzeblätter (s. S. 217)

Zubereitung:

Die Trockenpflaumen entsteinen. Den Armagnac auf ca. 60°C erwärmen, jedoch nicht kochen lassen. Über die Pflaumen gießen. Das Gefäß gut abdecken und 2–3 Tage stehenlassen. Dann die Flüssigkeit abpassieren, erneut erwärmen, wieder über die Pflaumen gießen und diese weiter darin ziehen lassen. Diesen Vorgang wiederholen Sie im Laufe von mindestens zwei Wochen noch zweimal. Das Gefäß sollte immer gut zugedeckt sein, damit der Armagnac nicht verdunstet.

Den Zucker mit der Butter in einer Kupferkasserolle langsam karamelisieren. Achten Sie darauf, daß der Karamel nicht zu dunkel wird. Die Sahne nach und nach einrühren (Vorsicht, spritzt!) und einmal aufkochen. Die Sauce abkühlen lassen, bis sie lauwarm ist, und dann mit dem Eigelb und der Milch im Mixer aufschlagen.

Das Wasser mit dem Zucker aufkochen und vom Feuer nehmen. Den Limonensaft in das heiße Zuckerwasser geben und ca. 2 Stunden ziehen lassen. Durch ein Haarsieb passieren und nur lau (ca. 30–40°C) erwärmen. Nun das Eiweiß mit einem Schneebesen einrühren und die Mischung in der Eismaschine gefrieren lassen. Wenn Sie keine Eismaschine haben, können Sie auch fertiges Zitroneneis verwenden.

Fertigstellung:

Mit der Karamelsauce einen Spiegel auf großen, kalten Tellern gießen und den Rand mit Hilfe einer kleinen Tüte aus Pergamentpapier, deren Spitze abgeschnitten wurde, mit der flüssigen Couverture verzieren. Mit gehackten Pistazien garnieren.
Jeweils 6 Pflaumen in der Mitte anrichten und zwei Minzeblätter in die Mitte garnieren. Darauf eine Kugel oder Nocke des Limonen-Sorbets setzen und sofort servieren.

Dreierlei Sorbets

Sorbets müssen unter ständigem Rühren gefroren werden. Diese Arbeit erledigt eine Eismaschine, die es in Haushalts- und Elektrogeschäften zu kaufen gibt. Wer keine Maschine hat, muß das Sorbet alle zehn Minuten aus dem Gefrierfach nehmen und mit einem Schneebesen aufschlagen

Zutaten:

Cassis-Sorbet

0,3 l Wasser
130 g Zucker
350 g Mark von schwarzen Johannisbeeren (französ. cassis)
0,2 l Mineralwasser

Limonen-Sorbet

½ l Wasser
250 g Zucker
0,2 l Limonensaft
5 cl Zitronensaft
1 EL Eiweiß

Passionsfrucht-Sorbet

¾ l Passionsfrucht-Mark
150–180 g Zucker
0,12 l Wasser

Zubereitung:

Das Wasser und den Zucker zusammen aufkochen und wieder erkalten lassen. Das Cassis-Mark durch ein Haarsieb passieren und dem Zuckerwasser beigeben. Ganz zum Schluß das Mineralwasser einrühren und sofort in der Eismaschine gefrieren.

Das Wasser und den Zucker zusammen aufkochen, vom Herd nehmen und den Zitrussaft in das heiße Zuckerwasser rühren. Langsam abkühlen lassen und durch ein Haarsieb passieren. Wenn das Gemisch nur noch lauwarm ist, das Eiweiß einrühren und sofort in der Eismaschine gefrieren.

Kaufen Sie nur ganz reife Passionsfrüchte, die eine vertrocknete braune Schale haben. Sie sind süßer und aromatisch, auch wenn sie nicht besonders schön aussehen.

Die Passionsfrüchte halbieren, das Fruchtmark und die Kerne mit einem Löffel ausschaben. Zusammen mit Zucker und Wasser aufkochen lassen. Außerhalb des Kühlschranks auf ca. 30–40°C erkalten lassen und anschließend durch ein Sieb passieren, um die Kerne zu entfernen. In der Eismaschine gefrieren.

Bemerkung:

Das benötigte Bruttogewicht kann nicht genau angegeben werden, weil der Fruchtanteil im Verhältnis zu Schale und Kernen sehr unterschiedlich ist. Ebenso soll die Angabe der Zuckermenge nur Richtlinie sein, weil der Fruchtzuckeranteil vom jeweiligen Reifegrad abhängt.

Gewürznelken-Soufflé mit Rumsahne

für 4 Personen

Ein Dessert für die Weihnachtszeit

Zutaten:

Soufflé

80 g Butter
40 g Puderzucker
Prise Salz
1 Vanillestange
4 Eigelb
70 g dunkle Couverture
20 g Walnüsse, fein gerieben
80 g Elisenlebkuchen, gerieben
1 TL Zimt
1 TL Lebkuchengewürz
1 Prise Gewürznelken, gemahlen
3 Eiweiß
60 g Zucker
Butter zum Einfetten der Formen
grober Zucker

Rumsahne

¼ l Sahne
1 TL Puderzucker
4 cl Rum

Zubereitung:

Butter und Puderzucker mit einer Prise Salz und dem Mark einer Vanillestange schaumig rühren. Eigelb nach und nach zugeben. Die aufgelöste Couverture unterrühren. Die feingeriebenen Walnüsse und die Lebkuchenbrösel mit Zimt, Lebkuchengewürz und Gewürznelken unter die Masse heben. Eiweiß mit Zucker zu festem Schnee schlagen und vorsichtig unterheben. Nicht rühren, da die Masse sonst leicht zusammenfällt.
Vier Auflaufförmchen (6–7 cm Ø) mit Butter einfetten und mit grobem Zucker ausstreuen. Die Masse bis einen halben Zentimeter unter den Rand einfüllen. Die Förmchen in ein fast kochendes Wasserbad setzen, welches mindestens bis zur Hälfte der Förmchen reichen sollte.

Die Sahne mit dem Zucker halbsteif schlagen und mit Rum aromatisieren.

Fertigstellung:

Die Soufflés im vorgeheizten Ofen bei 250°C 20 Minuten backen. Diese Hitze muß erreicht sein, wenn Sie die Förmchen hineinstellen, da die Soufflé-Masse sonst nicht aufgeht.
Die Soufflés auf tiefe Teller stürzen und zur Hälfte mit der Rumsahne nappieren.

Bemerkung:

In der klassischen Form wird ein Soufflé nicht gestürzt. Da es aber gestürzt viel angenehmer zu essen ist, empfiehlt es sich in diesem Fall, von der klassischen Regel abzuweichen.

Granité von Champagner mit Himbeeren und Pfirsichen

für 4 Personen

Die kleinen weißfleischigen Pfirsiche aus Südfrankreich, seltener aus Italien, sind die aromatischsten. Wenn sie reif sind, duften sie intensiv

Zutaten:

Granité

120 g Himbeerpüree
½ Flasche Champagner brut
4 EL Zitronensaft
165 g (gut ⅛ l) Läuterzucker
(siehe Bemerkung)

Obst

4 weiße französische Pfirsiche
½ Flasche Champagner (oder Sekt)
½ EL Zitronensaft
30–50 g Zucker
200 g Himbeeren

Zubereitung:

Himbeerpüree durch ein Haarsieb streichen und anschließend mit dem Champagner, Zitronensaft und dem Läuterzucker vermischen. In ein flaches Metallgefäß füllen und zum Gefrieren in das Tiefkühlgerät stellen.

Pfirsiche kurz überbrühen, schälen, halbieren und in etwas Champagner mit Zitronensaft und Zucker pochieren.

Fertigstellung:

Die erkalteten Pfirsichhälften mit der Schnittfläche nach unten auf vorgekühlten Schalen anrichten. Von dem gefrorenen Granité mit einem Löffel Schnee abschaben und locker um die Früchte geben. Mit Himbeeren und nach Belieben etwas Minze garnieren. Eventuell etwas Himbeermark darübergeben.

Bemerkung:

Läuterzucker sollten Sie für solche Gelegenheiten – auch zum Mixen von Drinks – immer auf Vorrat im Hause haben: 1 kg Zucker und 1 l Wasser kochen, bis der Zucker vollständig aufgelöst ist.
Hält sich in Flaschen monatelang.

Nuß-Soufflé mit Apfelsauce

für 4 Personen

Gravensteiner schmecken frisch und besonders fruchtig. Es gibt sie aber
nur kurz ab Anfang September, man kann sie nicht lange lagern.
Nehmen Sie sonst Boskop, die fast den ganzen Herbst und Winter zu haben sind

Zutaten:

Apfelsauce

5 cl Weißwein
50 g Zucker
200 g Gravensteiner oder Boskop,
geschält, ohne Kerngehäuse
2 cl Calvados
0,1 l Champagner
0,2 l Wasser

Soufflé

75 g Butter
3 Eigelb
90 g Zucker
3 Eiweiß
3 cl Cognac
3 cl Nußlikör
75 g geriebene Haselnüsse
75 g Biskuitbrösel
Butter und
Zucker für die Formen

Garnitur

2 EL eingemachte Preiselbeeren

Zubereitung:

Den Weißwein mit dem Zucker aufkochen und die Äpfel in Stücken darin pochieren, bis sie gut weich sind. Im Sud abkühlen lassen und die übrigen Zutaten beifügen. Im Mixer pürieren und durch ein Sieb streichen.

Butter und Eigelb mit der Hälfte des Zuckers gut schaumig rühren. Dem Eiweiß etwas von der anderen Zuckerhälfte beigeben und den Rest, während das Eiweiß zu Schnee geschlagen wird, langsam einrieseln lassen. Das Eiweiß sollte nicht zu stark geschlagen werden, also nicht flockig sein.
Den Schnee mit der Eigelbmasse mischen, Alkohol, Haselnüsse und Biskuitbrösel zugeben, alles vorsichtig mit der Hand unterheben.

Den Sirup von den Preiselbeeren waschen und die Beeren auf einem Tuch trocken tupfen.

Fertigstellung:

Wasser in einem flachen feuerfesten Gefäß bis zum Siedepunkt erhitzen. Vier kleine Auflaufförmchen (8 cm Ø) mit Butter einfetten und mit Zucker ausstreuen. Die Soufflé-Masse bis zum Rand einfüllen und die Förmchen in das Wasserbad einsetzen. Die Förmchen sollten mindestens bis zu drei Viertel ihrer Höhe im Wasser stehen. Achten Sie jedoch darauf, daß kein Wasser in die Nußmasse gerät. Bei 220°C ca. 20 Minuten im Ofen garen. Die Apfelsauce leicht erwärmen und die abgewaschenen Preiselbeeren in die Sauce geben.
Die Soufflés auf tiefe Teller stürzen und mit der Sauce servieren.

Grieß-Soufflé mit Kirschkompott

für 4 Personen

Am besten schmecken die schwarzen Herzkirschen
oder italienische Duroni

Zutaten:

Kirschkompott

500 g Süßkirschen
0,4 l Kirschsaft (fertig gekauft,
z. B. im Reformhaus)
eventuell Zucker und Zitronensaft

Soufflé

0,7 l Milch
90 g Grieß
45 g Butter
1 Prise Salz
1 Zitrone, abgeriebene Schale
6 Eiweiß
45 g Zucker
6 Eigelb
Butter und
Zucker für die Formen

Zubereitung:

Die Kirschen entsteinen und den Saft aufkochen. Die Früchte 5 Minuten darin pochieren. Saft abgießen und diesen noch 5 Minuten einkochen. Eventuell mit Zucker und Zitronensaft abschmecken. Die Früchte in dem Sud am besten einen halben Tag ziehen lassen. Sollten sie dann noch nicht gar sein, können sie im Sud nochmals aufgekocht werden, wieder abkühlen lassen.

Die Milch zum Kochen bringen und den Grieß einrühren. Butter, 1 Prise Salz und Zitronenschale zugeben und den Grieß bei reduzierter Hitze ca. 15 Minuten ausquellen lassen. Den Brei erkalten lassen.
Die Eiweiß zu Schnee schlagen, dabei den Zucker nach und nach zugeben. In einer separaten Schüssel die Eigelb verrühren, den erkalteten Grieß damit vermischen und glattrühren. Den Eischnee unterheben.
Auflaufförmchen (ca. 8 cm Ø) mit Butter einfetten und mit Zucker ausstreuen. Auf dem Herd Wasser in einem flachen feuerfesten Gefäß zum Kochen bringen. Die Soufflé-Masse in die Förmchen einfüllen und diese in das kochende Wasser setzen. Die Förmchen sollten mindestens zwei Drittel im Wasser stehen; achten Sie jedoch darauf, daß kein Wasser in die Soufflé-Masse gerät.
Bei 250°C im Ofen ca. 20 Minuten garen.

Fertigstellung:

Die Soufflés stürzen und mit dem kalten Kirschkompott servieren.

Baby-Ananas auf Honigeis-Sauce

für 4 Personen

Baby-Ananas, z. B. aus Südafrika, sind nur handspannenlang. Seien Sie trotzdem beim Schälen großzügig, die schwarz behaarten Augen müssen vollständig weggeschnitten werden. Ersatzweise eine große Frucht von der Elfenbeinküste nehmen

Zutaten:

Ananas

2 Baby-Ananas

Honigeis-Sauce

0,35 l Milch
95 g Tannenhonig
5 Eigelb
35 g Zucker
0,1 l Champagner
1 TL Zitronensaft
0,2 l Schlagsahne

Garnitur

1 Schälchen Walderdbeeren
1 kleines Bund Minze (s. S. 217)

Zubereitung:

Die Ananas schälen, den Strunk ausstechen und die Früchte in 1–2 mm dicke Scheiben schneiden.

Milch und Honig zusammen aufkochen. Eigelb und Zucker in einer Metallschüssel schaumig schlagen und die kochendheiße Milch in dünnem Strahl langsam zugeben. Die Schüssel in ein heißes Wasserbad setzen und die Masse „zur Rose abziehen". Abkühlen lassen, nun Champagner und Zitronensaft zugeben, und die steif geschlagene Sahne unterheben. In der Eismaschine halbfest gefrieren lassen.

Fertigstellung:

Das Honigeis leicht temperieren und glattrühren, bis es die Konsistenz einer Sauce hat. Auf großen, flachen Tellern einen Spiegel anrichten. Die Ananasscheiben darauflegen, mit Walderdbeeren und Minzeblättern garnieren, in die Mitte eine Rose aus einer Ananasscheibe setzen.
Nach Belieben können als Garnitur auch gehackte Pistazien und kandierte Orangenschalen verwendet werden.

Quark-Soufflé mit Birnensauce

für 4 Personen

Damit das Soufflé gelingt, das Eiweiß sehr langsam (Stufe 1 beim Handrührer oder besser noch mit der Hand) zu einem sanften, ganz feinporigen Schnee schlagen

Zutaten:

Quark-Soufflé

200 g Quark (20%)
3 Eigelb
½ Zitrone, abgeriebene Schale
4 Eiweiß
70 g Zucker
Butter und Zucker für die Förmchen

Birnensauce

0,4 l Weißwein
½ Zitrone, Saft
75 g Zucker
3 Williamsbirnen
4 cl Williamsbirnen-Brand

Garnitur

1 Schälchen Walderdbeeren

Zubereitung:

Den Quark mit den Eigelb verrühren und die abgeriebene Schale einer halben Zitrone zugeben. Eiweiß mit dem Zucker zu weichem Schnee schlagen (er darf nicht flockig sein) und vorsichtig unter die Quarkmasse heben.

Weißwein mit Zitronensaft und Zucker aufkochen. Die geschälten und geviertelten Birnen darin pochieren. Den Birnengeist zugeben und abkühlen lassen. Im Mixer pürieren und durch ein Sieb streichen.

Fertigstellung:

Wasser in einem flachen feuerfesten Gefäß bis zum Siedepunkt erhitzen. Kleine Auflaufförmchen (8 cm ⌀) mit Butter einfetten und mit Zucker ausstreuen. Die Soufflé-Masse einfüllen und die Förmchen in das Wasserbad setzen. Die Förmchen sollten mindestens bis zu drei Viertel ihrer Höhe im Wasser stehen. Achten Sie darauf, daß kein Wasser in die Quarkmasse gerät.
Bei 250°C im Ofen ca. 18 Minuten garen. Die Walderdbeeren zur Birnensauce geben. Die Soufflés auf tiefe Teller stürzen und sofort mit der lauwarmen Sauce servieren.

Bemerkung:

Die Zugabe von Wein und Birnengeist kann bei besonders aromatischen Birnen reduziert werden.

Rhabarber-Tarte

für einen Kuchen von 25–28 cm ⌀
Schmeckt am besten lauwarm

Zutaten:

Mürbeteig

250 g Mehl
1 Prise Salz
125 g Butter
1 TL Milch
100 g Zucker
2 Eigelb

Belag

500 g geschälter Rhabarber
2 EL Butter
50 g Löffelbiskuit, fein gerieben
150 g Zucker
1 Ei
1 EL Puderzucker

Zubereitung:

Die Teigzutaten schnell vermengen und mindestens eine halbe Stunde im Kühlschrank ruhen lassen. Die Mengenangaben sind für 2–3 Böden berechnet, da sich der Teig in kleineren Mengen nur schwer herstellen läßt. Verwenden Sie 200 g Teig für diese Tarte; der Rest läßt sich sehr gut zur späteren Verwendung einfrieren.

Die Rhabarberstangen schälen und in ca. 5 cm lange Stücke schneiden.

Fertigstellung:

Den abgewogenen Teig dünn ausrollen und mit zwei Dritteln davon den Boden und die Seitenwände einer gefetteten Obstbodenform auslegen (Boden und Seitenstreifen ausschneiden).
Zwei Drittel der Biskuitbrösel mit der Hälfte des Zuckers mischen und auf den Boden streuen. Den Rhabarber darauf verteilen, die restlichen Brösel mit dem verbliebenen Zucker und der übrigen Butter vermischen und darüberstreuen. Das restliche Teigdrittel wieder dünn ausrollen und den Kuchen damit abdecken. Mit einer Gabel den Rand dieses Deckels gegen die Teig-Seitenwände drücken, damit eine dichte Verbindung hergestellt ist. Den Deckel mehrfach einstechen, damit der Dampf entweichen kann. Mit dem verquirlten Ei einpinseln.
Die Tarte bei 220°C ca. 25 Minuten backen. Vor dem Servieren mit dem Puderzucker bestäuben.

Feine Apfel-Tarte mit Rumsahne

für 4 Personen

Pro Person rechnet man eine ganze – kleine – Tarte. Setzen Sie sie zum Backen auf Backpapier, von dort kann man sie mühelos abheben

Zutaten:

Tarte

350 g Blätterteig (siehe Seite 257)
30 g Marzipanrohmasse
1 EL gemahlene Haselnüsse
4 Äpfel (z. B. Cox Orange oder Gravensteiner)
2 EL Aprikosenmarmelade

Rumsahne

¼ l Sahne
1 EL Zucker
4 cl Rum

Garnitur

2 EL Hagelzucker

Zubereitung:

Den Blätterteig 1 mm dick ausrollen und im Kühlschrank eine Stunde ruhen lassen, damit er später beim Backen die Form behält. Runde Scheiben von ca. 15–17 cm ⌀ ausstechen.
Das Marzipan mit den Haselnüssen und etwas Wasser vermischen, so daß es streichfähig wird. Die Marzipanmasse ganz dünn auf die Böden streichen.
Die Äpfel schälen, halbieren und die Kerngehäuse entfernen. Die Apfelhälften in ganz dünne Scheiben schneiden und diese fächerförmig auf den Boden schichten.
Die Aprikosenmarmelade auf dem Herd mit einem Eßlöffel Wasser erhitzen und glattrühren.

Die Sahne mit dem Zucker halbsteif schlagen und mit Rum aromatisieren.

Fertigstellung:

Die Tartes bei 220°C 15–20 Minuten backen, herausnehmen und die Aprikosenmarmelade mit einem Pinsel dünn auftragen. Auf große Teller geben und mit der Rumsahne umgießen.
Mit Hagelzucker bestreuen und sofort servieren, da der Blätterteig sonst weich wird.

Bemerkung:

Man kann die Tartes auch backfertig vorbereiten, einfrieren und dann à la minute (unaufgetaut) zum Backen in den Ofen schieben, wobei sich die Backzeit etwas verlängert. Beste Qualität allerdings erreicht man nur bei frischer Zubereitung.

Zitronenkuchen, lauwarm, mit Walderdbeeren

für einen Kuchen von 25–28 cm ⌀

Das dürfte Ihr Standard-Dessertkuchen werden, denn er ist wirklich leicht zu machen und schmeckt wundervoll!

Zutaten:

Zitronencreme

500 g Crème fraîche
3 Eier
80 g Zucker
2 Zitronen, Saft
3 Zitronen, abgeriebene Schale

Mürbeteig

250 g Mehl
1 Prise Salz
125 g Butter
1 TL Milch
100 g Zucker
2 Eigelb

Garnitur

Walderdbeeren
⅛ l Sahne
etwas Zucker
eventuell etwas Vanillezucker

Zubereitung:

Die Crème fraîche in einer Schüssel mit den Eiern gut durchschlagen, dabei aber nicht schaumig rühren. Zucker, Zitronensaft und abgeriebene -schale zugeben. Diese Masse im Kühlschrank 2 Stunden ruhen lassen.

Die Teigzutaten schnell vermengen und mindestens 25 Minuten kühl stellen.
Die Mengenangaben sind für 2–3 Kuchen berechnet, da sich der Teig in kleineren Mengen nur schwer herstellen läßt. Den Rest kann man aber sehr gut zur späteren Verwendung einfrieren.
Sie benötigen ca. 100 g Teig für diesen Zitronenkuchen.

Die Walderdbeeren verlesen. Die Sahne halbsteif schlagen.

Fertigstellung:

Eine Obstkuchenform von ca. 25–28 cm ⌀ mit dem dünn ausgerollten Mürbeteig auslegen. Teigboden mit einer Gabel in kleinen Abständen einstechen.
Den Boden bei 200°C im Ofen blindbacken (s. Seite 67).
Die Zitronencreme auf dem vorgebackenen Mürbeteig verteilen und bei 130°C im Ofen 60–70 Minuten eher stocken als backen: Der Kuchen soll keine Farbe nehmen.
Dann ca. 10 Minuten ruhen lassen.

Portionsstücke schneiden, lauwarm auf Tellern anrichten und mit Walderdbeeren und halbsteif geschlagener, nur leicht gesüßter Sahne garnieren.

Vanillekipferl

Auf Vorrat backen, damit Sie immer etwas Gebäck zum Kaffee im Haus haben.
In gut verschlossenen Blechdosen halten sich die Kipferl eine Woche,
doch am besten schmecken sie ganz frisch

Zutaten:

Teig

280 g Mehl
200 g weiche Butter
100 g geriebene Mandeln
70 g Zucker
1 Vanilleschote, das Mark
1 Messerspitze Backpulver
1 Eiweiß

Überzug

50 g Puderzucker
2 Päckchen Vanillezucker

Zubereitung:

Schnell alle Zutaten zu einem Teig verkneten und eine Stunde kalt stellen.

Kleine Kipferl (Hörnchen) formen und bei 180°C hell backen.

In dem Gemisch aus Puderzucker und Vanillezucker wälzen.

Berliner Krapfen, Fastnachtskrapfen

12–15 Stück

Sie schmecken am besten lauwarm, frisch aus dem Fettopf

Zutaten:

0,15 l Milch
20 g Hefe
40 g Zucker
250 g Mehl
1 Ei
2 Eigelb
1 Prise Salz
½ Zitrone, abgeriebene Schale
30 g Butter

Öl oder Pflanzenfett zum Backen
Marmelade zum Füllen
Zimtzucker zum Bestreuen

Zubereitung:

Die Milch auf ca. 30°C erwärmen, die Hefe und den Zucker darin auflösen und mit einem Viertel des Mehles einen Vorteig herstellen, den man 10 Minuten gehen läßt. Den Rest des Mehles mit den übrigen Zutaten zugeben und gut durchkneten, bis sich der Teig vom Schüsselrand löst. Erneut ca. 20 Minuten an einem warmen Ort gehen lassen, dann den Teig kurz zusammenschlagen und in gleich große, ca. 40 g schwere Stücke schneiden. Ein mit einem Tuch bedecktes Backblech mit Mehl bestäuben, die Berliner in gutem Abstand daraufsetzen, die Oberfläche ebenfalls mit Mehl bestäuben und mit einem zweiten Tuch abdecken. Die Krapfen in ca. 20–30 Minuten auf die doppelte Größe aufgehen lassen.

Das Fett in einer großen flachen Kasserolle auf ca. 170°C erhitzen. Die Temperatur mit einem kleinen Stück Weißbrot testen. Beim ersten Backvorgang wird der Topf abgedeckt und die untere Hälfte der Krapfen goldgelb gebacken, dann die Krapfen umdrehen. Jede Serie ein zweites Mal backen, dann ohne Deckel.

Die fertig gebackenen Berliner auf ein Gitter setzen, mit Zimtzucker bestreuen und mit einer Spritztüte Marmelade einfüllen.

Gratinierte Walderdbeeren mit Rhabarber und Krokanteis nach Manfred Schwarz

für 4 Personen

Das Krokanteis bereiten Sie am besten schon Stunden vorher zu. Nehmen Sie es aber rechtzeitig vor dem Servieren aus dem Kühlschrank, damit es eine angenehme Konsistenz bekommt

Zutaten:

Rhabarber

4 dünne Stangen Rhabarber
¼ l Wasser
125 g Zucker
1 Schälchen Walderdbeeren

Quarkmasse

250 g Quark
40 g Zucker
25 g Mondamin
etwas Zitronenschale
2 Eiweiß
50 g Zucker

Krokanteis

50 g Zucker
125 g Milch
125 g Sahne
3 Eigelb
100 g Krokant
1 cl Rum

Zubereitung:

Rhabarber schälen und in 4 cm lange Stifte schneiden. Wasser und Zucker aufkochen, die Rhabarberstifte darin kurz ziehen lassen. Dann abtropfen lassen und sternförmig auf einem Teller auslegen.

Quark, 40 g Zucker, Mondamin und Zitronenschale verrühren. Eiweiß mit 50 g Zucker aufschlagen und vorsichtig unter die Masse heben. Dann kreisförmig so auf dem Rhabarber verteilen, daß die Rhabarberstifte noch 3 cm vom Tellerrand hervorschauen. Darüber die Walderdbeeren lose verteilen. Im Ofen bei 300°C Oberhitze gratinieren.

Zucker, Milch und Sahne aufkochen. Eine Schöpfkelle davon auf die 3 Eigelb geben und verrühren. Dann Krokant und Rum zum Milch-Sahne-Gemisch geben und in eine mit Eis gefüllte Schüssel stellen. Die Masse kalt rühren, dann durch ein Sieb passieren und gefrieren lassen.

Fertigstellung:

Krokanteis eiförmig ausstechen, in die Mitte der Teller setzen und Krokantspäne darüberstreuen.

Grundrezepte

Consommé (Rinderkraftbrühe)
ergibt ca. 2 Liter

Zutaten:

Knochenbrühe

2 kg Rinderknochen
3,5 l Wasser
Salz
1 Karotte
1 Stück Lauch
1 Stück Staudensellerie
1 Zweig Liebstöckel
1 Zwiebel

Consommé

500 g Rindfleisch (Hesse)
80 g Staudensellerie
80 g Karotten
80 g Lauch
4 Eiweiß
2,5 l Knochenbrühe
Salz

Zubereitung:

Die Knochen in kochendem Salzwasser blanchieren, abgießen und mit kaltem Wasser so lange abspülen, bis sie erkaltet sind. Auf einem Sieb abtropfen lassen und mit 3,5 l kaltem Wasser in einem großen Topf ansetzen. Zum Kochen bringen, salzen und 3 Stunden köcheln lassen. Dann das geputzte, grobgewürfelte Gemüse und Liebstöckel beigeben. Die Zwiebel halbieren, die Schnittflächen auf der heißen Herdplatte schwärzen und ebenfalls zugeben. Nochmals eine Stunde kochen lassen. Dann die Einlagen abpassieren und die Brühe zum Erkalten in den Kühlschrank stellen.

Das Rindfleisch durch die grobe Scheibe des Fleischwolfes drehen und mit den geputzten, grobgewürfelten Gemüsen und dem Eiweiß gut vermischen. 2,5 l kalte Knochenbrühe aufgießen und unter mehrfachem Rühren aufkochen lassen. Vom Herd nehmen und 5 Minuten stehenlassen. Abpassieren und mit Salz abschmecken.

Fond blanc – Kalbsfond

Zutaten:

2 kg Kalbsknochen oder -parüren
60 g Butter
1 Stück Staudensellerie
1 Stange Lauch
2 Karotten
2 Schalotten
Salz
1 Lorbeerblatt
0,2 l Weißwein
3 l Wasser

Zubereitung:

Die Knochen klein hacken. Die Butter in einem hohen Topf schmelzen und die Knochen mit den geputzten und grobgewürfelten Gemüsen darin anschwitzen, ohne sie Farbe nehmen zu lassen. Leicht salzen, das Lorbeerblatt zugeben und mit dem Weißwein ablöschen. Den Knochen-Ansatz völlig abkühlen lassen. Dies ist wichtig, damit der Fond später klar wird.
Mit kaltem Wasser auffüllen und zum Kochen bringen. Nach zweistündiger Kochzeit abpassieren und portionsweise auf Vorrat einfrieren.

Geflügelfond

Zutaten:

1 Suppenhuhn à 800 g
oder
1 kg Geflügelknochen
30 g Butter
1 Stück Staudensellerie
1 Stück Lauch
1 Karotte
1 Schalotte
Salz
½ Lorbeerblatt
0,1 l Weißwein,
gute, trockene Qualität
1,5 l Wasser

Zubereitung:

Das Suppenhuhn halbieren oder die Karkassen klein hacken. Die Butter in einem hohen Topf schmelzen und die Knochen bzw. das Huhn mit den grobgewürfelten Gemüsen darin anschwitzen, ohne beides Farbe nehmen zu lassen.
Leicht salzen, das Lorbeerblatt zugeben und mit dem Weißwein ablöschen. Völlig erkalten lassen. Dies ist wichtig, damit der Fond später klar wird.
Mit dem kalten Wasser auffüllen und zum Kochen bringen. Nach zweistündiger Kochzeit abpassieren und portionsweise auf Vorrat einfrieren.

Fischfond

Zutaten:

500 g Fischgräten
(Steinbutt und Seezunge)
30 g Butter
2 Schalotten
2 Champignonköpfe
1 Stück Lauch
1 Stück Staudensellerie
1 Tomate, enthäutet und entkernt
¼ Zitrone, geschält
5 weiße Pfefferkörner
1 Thymianzweig
Salz
¼ l trockener Weißwein
1 l Wasser

Zubereitung:

Die Fischgräten gut wässern, anschließend auf einem Sieb abtropfen lassen.
Gemüse waschen und grob würfeln. Die Butter in einem Topf schmelzen und die Gemüse mit der Zitrone und den Gewürzen darin anschwitzen. Die Fischkarkassen zugeben, salzen, mit Weißwein ablöschen und mit ca. 1–1,5 l Wasser auffüllen.
Ca. 20 Minuten köcheln lassen und während dieser Zeit öfters abschäumen. Abpassieren und eventuell portionsweise einfrieren.

Brauner Kalbsfond (Jus)

Zutaten:

1 kg Kalbsknochen
Öl zum Anbraten
2 EL Tomatenmark
1 Zwiebel
1 Stück Staudensellerie
2 Tomaten
5 Petersilienstengel
1 kleiner Zweig Rosmarin
2 Lorbeerblätter
10 g weiße Pfefferkörner
Salz
20 g Butter
0,1 l Weißwein
5 cl Madeira
2 l Wasser

Zubereitung:

Die Knochen in kleine Stücke hacken und in einer flachen, großen Kasserolle oder einem Bräter mit wenig Öl im Ofen Farbe nehmen lassen. Das Tomatenmark zugeben und nochmals ca. 5 Minuten rösten. Die grobgewürfelte Zwiebel, Staudensellerie, Tomaten, Kräuter und Gewürze beigeben, leicht salzen, die Butter zufügen und bei offener Tür und reduzierter Hitze weitere 15 Minuten im Ofen lassen.
Mit Weißwein und Madeira ablöschen und völlig erkalten lassen. Dies ist wichtig, damit der Fond später klar wird.
Mit dem kalten Wasser aufgießen und zum Kochen bringen.
In einen Topf umfüllen und ca. 3 Stunden auf dem Herd köcheln lassen. Dabei öfters abschäumen und entfetten.
Mit Salz abschmecken, abpassieren und portionsweise (z. B. in Eiswürfelschalen oder Joghurtbechern) auf Vorrat einfrieren.

Brauner Lammfond (Jus)

Zutaten:

1 kg Lammknochen
Öl zum Anbraten
2 EL Tomatenmark
1 Zwiebel
1 Stück Staudensellerie
2 Tomaten
5 Petersilienstengel
1 kleiner Zweig Rosmarin
1 kleiner Zweig Thymian
1 Knoblauchzehe
10 g weiße Pfefferkörner
Salz
20 g Butter
0,1 l Weißwein
5 cl Madeira
2 l Wasser

Zubereitung:

Die Knochen in kleine Stücke hacken und in einer flachen, großen Kasserolle oder einem Bräter mit wenig Öl im Ofen Farbe nehmen lassen. Tomatenmark zugeben und 5 Minuten mitrösten. Die grobgewürfelte Zwiebel, Staudensellerie, Tomaten, Kräuter und Gewürze beigeben, leicht salzen, die Butter beigeben und bei offener Tür und reduzierter Hitze weitere 15 Minuten im Ofen lassen.
Mit Weißwein und Madeira ablöschen und völlig erkalten lassen. Das Abkühlen ist wichtig, damit der Fond später klar ist. Mit dem kalten Wasser aufgießen und zum Kochen bringen.
In einen Topf umgießen und ca. 3 Stunden köcheln lassen. Dabei öfters abschäumen und entfetten.
Abpassieren und portionsweise (z. B. in Eiswürfelschalen oder Joghurtbechern) auf Vorrat einfrieren.

Brauner Geflügelfond (Jus)

Zutaten:

1 kg Geflügelknochen
Öl zum Anbraten
1 EL Tomatenmark
1 Stück Staudensellerie
2 Tomaten
1 Zwiebel
5 Petersilienstengel
1 kleiner Rosmarinzweig
1 Lorbeerblatt
10 g weiße Pfefferkörner
Salz
20 g Butter
0,1 l Weißwein
5 cl Madeira
2 l Wasser

Zubereitung:

Die Knochen klein hacken und in einer flachen, großen Kasserolle oder einem Bräter mit wenig Öl bei 220°C im Ofen Farbe nehmen lassen. Tomatenmark zugeben und nochmals 5 Minuten rösten.
Die grobgewürfelten Gemüse, Zwiebel, Kräuter und Gewürze beigeben, leicht salzen, Butter zugeben und bei offener Backofentür weitere 15 Minuten im Ofen lassen.
Mit Weißwein und Madeira ablöschen und völlig erkalten lassen. Dies ist wichtig, damit der Fond später klar ist.
Mit kaltem Wasser aufgießen und zum Kochen bringen. In einen Topf umfüllen und ca. 3 Stunden köcheln lassen. Öfters abschäumen und entfetten.
Abpassieren und portionsweise (z. B. in Eiswürfelschalen oder Joghurtbechern) einfrieren.

Brauner Wildfond (Jus)

Zutaten:

1 kg Wildknochen und -parüren, zerhackt in kleine Stücke

Marinade

2 Zwiebeln
1 Karotte
2 Schalotten
2 Petersilienstengel
1 Stück Lauch
1 Thymianzweig
1 Lorbeerblatt
1 Nelke
10 Pfefferkörner
10 Korianderkörner
10 Wacholderbeeren
2 cl Rotweinessig
Salz
1 l Rotwein
1 Knoblauchzehe

Fond

4 cl Öl zum Anbraten
Salz
1 l Rotwein
5 g weiße Pfefferkörner
25 Wacholderbeeren
1 Lorbeerblatt
3 Egerlinge
½ EL Preiselbeeren
3 cl Rotweinessig
1 l Wasser oder Fond blanc

Zubereitung:

Die Knochen und Parüren vom Wild zwei Tage in die Marinadenzutaten einlegen, dann die Flüssigkeit abpassieren und zur Seite stellen.
Die marinierten Knochen mit den festen Marinadenbestandteilen in einer flachen Kasserolle oder einem Bräter mit der Hälfte des Öls gut anrösten und leicht salzen. Mit wenig Rotwein ablöschen und die Flüssigkeit einkochen lassen.
Diesen Vorgang wiederholen, bis drei Viertel des Rotweins verbraucht sind. Die weißen Pfefferkörner zerdrücken und mit dem restlichen Öl anrösten. Die Wacholderbeeren ebenfalls zerdrücken. Beides mit dem Lorbeerblatt, den Egerlingen, den Preiselbeeren und dem Essig zugeben. Mit dem Wasser oder Fond blanc, dem restlichen Rotwein und der Hälfte der abpassierten Marinade aufkochen und ca. eine Stunde köcheln lassen.
Abpassieren und, je nach Bedarf, portionsweise auf Vorrat einfrieren.

Blätterteig

ergibt ca. 1 kg Teig

Zutaten:

Teig

400 g Mehl
10 g Salz
0,15 l Wasser
1 Eigelb

Buttermischung

500 g Butter
100 g Mehl

Zubereitung:

Aus den Zutaten für die Teigmischung einen glatten Teig kneten und 20 Minuten im Kühlschrank ruhen lassen.
500 g Butter mit 100 g Mehl ebenfalls gut verkneten und ebenfalls kühlen.
Es ist darauf zu achten, daß beide Mischungen bei der Verarbeitung die gleiche Konsistenz haben, damit sie sich gleichmäßig verbinden.
Den Teig auf der Arbeitsfläche zu einem runden Fladen von ca. 3 cm Dicke ausrollen. In die Mitte dieser Platte die Buttermischung setzen und zu einem Quadrat austreiben, das bis 4 cm an den Rand der Teigfläche reicht. Die vier überstehenden Teiglappen über die Butter schlagen, so daß diese vollkommen eingeschlossen ist. Dieses Paket wieder (nicht zu lange) kühl stellen.
Nun wird der Teig auf einer mehlierten Arbeitsfläche zu einem Rechteck von 15 mm Dicke ausgerollt und zur Hälfte zusammengeklappt. Das Paket um 90° drehen, so daß die eben entstandene Falte links oder rechts liegt. Wieder zu einem Rechteck ausrollen und nochmals zur Hälfte zusammenschlagen. Nach jedem Falten werden die Teigschichten mit dem Nudelholz platt gedrückt. Erneut kühl stellen.
Nach dieser Kühlung wird das Paket wieder zu einem Rechteck von 60 cm Länge ausgerollt und in drei Schichten gefaltet, indem man das Rechteck in Gedanken der Länge nach in drei Teile teilt und die beiden äußeren Drittel über das Mittelstück klappt. Wieder mit dem Nudelholz andrücken, indem man einmal darüberrollt. Das Paket erneut um 90° drehen und den Arbeitsvorgang, den man „touren" nennt, wiederholen.
Nachdem der Teig zum Schluß ca. 20 Minuten im Kühlschrank geruht hat, kann er verarbeitet werden. Sie können den Teig auch auf Vorrat herstellen und ihn einfrieren.

Bemerkung:

Das Aufgehen des Teiges beim Backen, das sogenannte Blättern, wird um so stärker und gleichmäßiger, je sorgfältiger man die einzelnen Arbeitsvorgänge ausführt.

Brioche
eine Kastenform von 35 cm Länge ergibt ca. 15 Scheiben

Zutaten:

375 g Mehl, gesiebt
25 g Hefe
0,17 l Milch
14 g Zucker
4 Eigelb
7 g Salz
75 g zerlassene Butter
1 Eigelb zum Bestreichen

Zubereitung:

Das gesiebte Mehl in eine Schüssel geben. Die Hefe in der Milch auflösen und mit dem Zucker zugeben. Eigelb und Salz kräftig einrühren und zum Schluß die Butter einarbeiten.
Einen geschmeidigen Teig kneten, mit Frischhaltefolie abdecken und eine halbe Stunde gehen lassen.
In eine Kastenform geben und nochmals eine halbe Stunde an einem warmen Ort gehen lassen.
Mit verquirltem Eigelb bestreichen und bei 220°C backen, bis die Oberfläche braun ist. Mit Alufolie abdecken und weitere 60 Minuten bei 200°C backen.
Aus der Form auf ein Gitter stürzen und dort abkühlen lassen.

Menus

Oster-Menu

    Geräucherter Schwarzwälder Schinken mit geschabtem Meerrettich und Ostereiern

    Creme von frischen Erbsen mit Römersalat

    Waller-Fricassée auf Senfbutter mit Paprika

    Zickleinkeule, gebraten, auf Frühlingsgemüsen

    Mousse von weißer Schokolade mit Erdbeeren

Weihnachts-Menu

    Entengelee mit Kaviarsahne

    Lachs in Blätterteig mit Estragonsauce

    Rehkitzkeule mit Maronenpüree

    Feldsalat mit Kartoffel-Dressing und weißen Trüffeln

    Gewürznelken-Soufflé mit Rumsahne

Silvester-Menu

    Gänsestopfleber naturel im Pfeffermantel

    Austern und Lauch mit Blätterteig

    Fricassée von Karpfen auf Rote-Bete-Kranz mit Meerrettich

    Granité von Champagner

    Emincé vom Fasan in Wacholdersauce

    Claire Fontaine à l'Orange

Fachausdrücke

ablöschen
Flüssigkeit an Bratgut gießen

abpassieren
siehe passieren

amuse gueule
kleiner Gabelbissen zum Aperitif

ansautieren
siehe sautieren

Aromaten
Kräuter und andere Zutaten, die zum Würzen verwendet werden

Ausbrechen von Krustentieren
das Fleisch aus dem Panzer oder der Schale lösen

Balsamico
besonders milder alter Essig aus Traubenmost

Basmati-Reis
besonders aromatischer Langkornreis aus Pakistan oder Bangladesh (siehe S. 126)

blanchieren
abwällen, abbrühen, bei grünen Gemüsen auch in Salzwasser garen

Brioche
französisches Hefegebäck mit viel Butter

Butter klären
siehe klären

Cocotte
feuerfestes Porzellangeschirr, von runder oder ovaler Form, Brater

Consommé
klare, konzentrierte Geflügel- oder Fleischbrühe

Fachausdrücke

Corail
das Rückenmark beim Hummer, im rohen Zustand grünlich, gekocht korallrot, auch Geschlechtsteile der Jakobsmuschel und anderer Schaltiere

Coulis
dicke, püreeartige Sauce

Courgetten
Zucchini, Kürbisgewächs

Crème double
dicke Sahne mit besonders hohem Fettgehalt (45%), ursprünglich aus Frankreich; statt dessen kann auch normale Sahne verwendet werden, die um ein Drittel eingekocht wurde

Crème fraîche
saure Sahne mit hohem Fettgehalt (30–40%), ursprünglich aus Frankreich

Croûtons
entrindete, geröstete Weißbrotwürfel oder -scheiben

Cutter
Blitzhacker mit hoher Drehzahl des Messerwerks

cuttern
schnell bei hoher Drehzahl hacken, so daß die Materialien sich nicht erwärmen können

Egerling
brauner Champignon, auch Steinpilzchampignon genannt

Emincé
dünne Scheiben von Geflügel oder Wild

Farce
eine Masse, meist Fisch oder Fleisch, die sehr fein gehackt oder durch den Fleischwolf getrieben wurde und dann sehr kalt mit Eiern oder Sahne zu feinen Füllungen verarbeitet wird. Sie muß beim Erhitzen abbinden und kann auch für Klößchen verwendet werden

Fachausdrücke

Fond
Grundbrühe für Suppen und Saucen oder die Flüssigkeit, welche beim Kochen, Dünsten oder Braten zurückbleibt und den Geschmack der in ihr gegarten Zutaten aufgenommen hat

Garnitur
Beilage, Umlage, bei Suppen und Saucen auch die Einlage

Glace de Viande
Fleischauszug, ein sehr stark reduzierter Fond, der in kaltem Zustand zu schnittfestem Gelee wird. Dient zur geschmacklichen Stabilisierung von Saucen

glacieren
Übergießen der Speisen mit eigenem Saft oder einer zuckerhaltigen Flüssigkeit im letzten Stadium des Garwerdens, um ihnen Glanz zu verleihen

gratinieren
bei starker Oberhitze im Backofen oder unter dem Grill goldbraun überkrusten, überbacken

Grenadins
runde Fleischscheiben, in Butter gebraten

Julienne
gleichmäßige feine Streifen

Jus
Bratsaft, Fleischsaft, brauner Fond

Karkasse
Gerippe, Rumpf von kleinen Tieren und Geflügel

Kasserolle
flacher Brat- oder Schmortopf

klären
1) Suppen- oder Aspikflüssigkeit wird kalt mit Eiweiß vermischt, zum Kochen gebracht und abpassiert. Durch das Erhitzen gerinnt das Eiweiß, umschließt alle festen Bestandteile und bleibt beim Abseihen im Tuch zurück

Fachausdrücke

2) Butter wird geklärt, indem beim Erhitzen die Molke ausfällt und sich abheben läßt, zurück bleibt das reine Butterfett

Krebsnasen
Körperpanzer der Krebse, der die Innereien enthält

marinieren
Fleisch oder Fisch mit Salz und Aromaten würzen und einige Zeit vor Gebrauch einziehen lassen

mehlieren
in Mehl wenden

Mousse
eine feinpürierte Masse, die durch Zugabe von geschlagener Sahne oder Eiweiß schaumartig und sehr locker ist

Mousseron, Mairitterling
Pilzsorte

Nage
Garsud

nappieren
Speisen mit Sauce überziehen

Noilly Prat
französischer Wermutwein

parieren
Fleisch oder Fisch sauber zurechtschneiden, von Fett, Haut usw. befreien

Parüren
Fleisch- oder Fischabgänge, wie Haut, Sehnen, Fischgräten, Köpfe und Reste, die beim Zurechtschneiden des Fleisches oder Fisches entstehen

passieren
durch ein Sieb streichen, durch ein Tuch seihen

Fachausdrücke

Passiertuch (Etamine)
wenn das Sieb nicht ausreicht, um besonders feine Bestandteile beim Passieren zurückzuhalten, verwendet man ein Passiertuch

pochieren
garziehen in Flüssigkeit knapp unterhalb des Siedepunktes, also bei ca. 95°C

Reduktion
eingekochte, stark konzentrierte Flüssigkeit

reduzieren
Einkochen von Flüssigkeit, wodurch sich beim Kochvorgang durch Verdampfen das Volumen verringert und die Konzentration stärker wird

zur „Rose" abziehen
eine Masse bei mäßiger Hitze so lange aufschlagen, bis sie die Konsistenz erreicht, einen Kochlöffel zu überziehen. Wenn man auf den so bedeckten Löffel bläst, muß sich die Form einer Rose bilden

Rotkappen
Pilzsorte

Salamander
Grillschlange nur mit Oberhitze, z. B. zum Gratinieren, Fachgerät der Gastronomie

Sauternes
französischer Weißwein mit viel Restsüße aus dem Gebiet der Gironde (z. B. Château d'Yquem)

Sauteuse
flache Kasserolle, Schwenkpfanne

sautieren
1) kleine Fleisch- oder Fischstücke rasch anbraten

2) Gemüse oder Teigwaren rasch in Sauce oder Butter durchschwenken

Fachausdrücke

Tomaten schmelzen
enthäutete, entkernte und gewürfelte Tomaten in Butter verkochen

tournieren
Gemüse auf hübsche, gleichmäßige Form zurechtschneiden (z. B. oliven- oder facettenförmig)

Trüffeljus
die beim Einkochen von Trüffeln gewonnene Flüssigkeit, im Handel erhältlich (Dosen)

Vinaigrette
Salatsauce auf Essig-Öl-Basis

wässern
Einlegen von Fleisch in kaltem Wasser, um Blut zu entziehen und eine schöne weiße Farbe zu erreichen (z. B. Hirn oder Bries)

Verzeichnis der Rezepte

Apfel-Tarte, Feine, mit Rumsahne 242
Armagnac-Pflaumen mit Karamelsauce und Limonen-Sorbet 230
Artischocken-Apfel-Gratin 208
Auberginen, Gebackene 214
Austern und Lauch mit Blätterteig 71

Baby-Ananas auf Honigeis-Sauce 238
Beinschinken, Glacierter, mit Mango und Maisküchlein 158
Berliner Krapfen 245
Birne in der Folie mit Vanilleeis 228
Blätterteig 257
Blinis – Buchweizenpfannkuchen 62
Blumenkohlsalat mit Krebsen 43
Bouillonkartoffeln 195
Brandteig-Kartoffeln mit Spinat 199
Bresse-Poularde mit Trüffeln auf Lauch 162
Brioche 258

Cassis-Sorbet 232
Cassoulet von Kaninchennieren und Wachteleiern in Trüffelsauce 66
Claire Fontaine à l'Orange 222
Consommé 249
Courgetten-Blüten, Gefüllte, auf Trüffelcreme 78
Creme von frischen Erbsen mit Römersalat 90
Crêpes mit Orangen überbacken 220

Damhirschnüßchen in weißer Pfeffercreme 183

Emincé vom Fasan in Wacholdersauce 192
Ente mit eigener Leber auf Äpfeln 178
Entengelee mit Kaviarsahne 16
Entenstopfleber, gebraten, mit Vinaigrette, im Löffel serviert, und gebackene Austern 72

Enten- oder Gänsestopfleber naturel im Pfeffermantel 13

Fastnachtskrapfen 245
Feldsalat mit Kartoffel-Dressing und Rotbarbenfilets 46
Fenchel-Quiche 75
Fischfond 252
Fond blanc 250
Fricassée von Karpfen auf Rote-Bete-Kranz mit Meerrettich 115
Froschschenkel, sautiert, auf Röstzwiebeln und Rotkappen 63

Gans, Junge mit Bratapfel und Grießnocken 176
Gänsebrust, Gekochte, mit Meerrettichsauce und roter Bete 174
Gänseleber-Parfait mit Trauben in Traminer-Gelee 22
Gänsestopfleber, gebraten, auf Spargel-Vinaigrette 68
Garnelen auf Salat mit Zitronen-Dressing 21
Geflügelfond 251
Geflügelfond, Brauner 255
Gemüse-Terrine mit Trüffel-Vinaigrette 18
Gewürznelken-Soufflé mit Rumsahne 233
Grand-Marnier-Parfait mit Rhabarberkompott und Walderdbeeren 225
Granité von Champagner mit Himbeeren und Pfirsichen 234
Gratin Dauphinois 200
Grenadin vom Kalb mit Roquefort-Sauce 135
Grieß-Soufflé mit Kirschkompott 237
Grießsuppe, Gebräunte 82
Gurkensuppe, Geeiste, mit Flußkrebsen und Dill 91

Hasenragout 186
Himbeeren in Feigen auf Mandelschaum 229
Hummer auf hausgemachten Nudeln mit Basilikum 124
Hummer im eigenen Gelee 50

Hummer-Medaillons in Safransauce mit Tomaten und Broccoliröschen 123
Hummer-Mousse 41

Jakobsmuscheln in Orangen-Basilikum-Butter 127

Kalbsbries auf hausgemachten Nudeln mit Basilikum 137
Kalbsfond 250
Kalbsfond, Brauner 253
Kalbshirn in Schnittlauchsauce 138
Kalbshirn und Züngerl in Schnittlauch-Vinaigrette 26
Kalbskopf, Warmer, in Salsa verde 25
Kalbsnieren in Rotweinsauce mit Petersilienpüree 139
Kalbsröllchen mit Nieren gefüllt auf Schnittlauchsauce 136
Kaninchenfilet mit Nieren und Leber auf Feldsalat 24
Kaninchenrücken mit Morcheln 156
Kartoffel-Crêpes mit Kaviar, Lachs und Wachteleiern 36
Kartoffelküchlein 197
Kartoffelsuppe mit Meeresschnecken 83
Kartoffelsuppe mit weißen Alba-Trüffeln 86
Kotelett von der Bresse-Taube in Blätterteig mit Petersilien-Mousse 170
Kraftbrühe mit Mark-Croûtons und Schnittlauch 93
Kräutercremesuppe 92
Krebse auf Kohlrabigemüse, überbacken 122
Krebse in Sauternes mit jungem Lauch 119
Kürbisgemüse 209
Kutteln und Morcheln in Estragon 76

Lachs, Hausgebeizter 14
Lachs in Basilikumbutter 105
Lachs in Blätterteig mit Estragonsauce 107
Lachs mit Meersalz pochiert 102

Lachstatar mit Basilikum 20
Lachs-Terrine mit Tomaten und
　Gartengurken 30
Lamm-Consommé mit Gersten-
　einlage 87
Lammfond, Brauner 254
Lammkeule, Pochierte,
　in Kapernsauce 151
Lammkoteletts in Blätterteig 152
Lammrücken in Wirsingblättern
　150
Langüsten-Medaillons mit Melone
　in Langustensauce 47
Langustinen in Karotten-Nage
　mit Kapuzinerkresse 130
Langustinenschwänze auf Wirsing-
　blättern mit Rotweinbutter 129
Lendenschnitten mit Mark
　auf Mangold 140
Limonen-Sorbet 232

Maronenpüree 204
Matjesheringe, Hausgemachte 17
Meeresfische, Verschiedene,
　auf Kressesauce 15
Mousse von weißer Schokolade
　mit Walderdbeeren 218
Muscheln mit Lychees
　in Currysauce 126

Nudeln in Roquefort-Sauce 70
Nuß-Soufflé mit Apfelsauce 236

Ochsenschwanz, Gefüllter 141
Ofenkartoffeln, Gefüllte 196

Passionsfrucht-Sorbet 232
Perlhuhnküken, gefüllt, auf Lauch
　und Pfifferlingen 166
Petersilienpüree 202
Pommes Maxim 198
Pot-au-feu vom Lamm 155
Poularde in Rosmarinsauce 164
Poulardenbrust, Soufflierte,
　in Sauerampfer 165
Poulardenfilets in Sherry-Sauce
　mit frischen Morcheln 163
Poulardenkeule, gefüllt mit heller
　Leber, auf Mais 161
Püree von Grünkohl und Wirsing
　205
Putenleber auf Linsensalat 35

Quarkknödel auf Rhabarber-
　kompott 226
Quark-Soufflé mit Birnensauce
　240
Quiche Lorraine 67

Ragout von Krebsen, Erbsen und
　Spargel auf Krebssauce 121
Räucherlachs-Parfait mit Feldsalat
　und Wachteleiern 34
Rebhuhn, Junges, mit Feigen
　auf Wirsing 184
Rehkitzkeule in Wacholdersauce
　190
Reis, Orientalischer 201
Rhabarber-Tarte 241
Rinderfilet auf Schalottenbutter
　144
Rinderfilet, Mariniertes, auf Salat
　von Lauch und Pfifferlingen 44
Rinderfilet mit rotem und
　grünem Paprika 146
Rosenkohlblätter in Sahne
　mit Speckwürfelchen 206
Rotbarbe in Rotweinbutter
　auf Blattspinat 104
Rotkrautsalat und Preiselbeeren
　mit gebratener Entenleber 65

Sankt-Petersfisch in Paprikabutter
　mit Pfifferlingen 108
Schinkenkipferl 61
Schokoladen-Terrine mit Minze-
　sauce und Walderdbeeren 217
Scholle mit Tomaten-Kräuter-
　Sauce 97
Schwarzwurzeln polnisch 207
Seeteufel im ganzen gebraten,
　mit Thymianbutter 100
Seeteufel-Medaillons mit
　„Krause-Glucke"-Pilzen 109
Seezungenfilets auf Vichy-Karotten
　und Estragonsauce 111
Selleriepüree 203
Spargel in Bröselbutter 212
Staudensellerie, Gedämpfter,
　mit Mark 213
Steinbutt in Senfsauce mit
　geschmolzenen Tomaten 101
Steinpilze und Kalbsbries
　auf Feldsalat 39

Suppe von „Krause-Glucke"-Pilzen
　84
Tauben auf Waldpilzen 169
Taubenbrüstchen auf Salat von
　Chicorée 56
Taubenbrüstchen im Basilikumsud
　mit jungen Gemüsen 172
Tauben-Terrine mit Herbst-
　trompeten 28
Terrine von Waldpilzen in Gelee
　mit Rehfilet 53
Tiroler Schlutzkrapfen 74
Tomaten, gefüllt mit Ratatouille
　211
Tomaten-Mousse mit Seeteufel-
　Medaillons 38
Tomatensuppe mit Blattspinat
　und Champignonstreifen 81
Topfenpalatschinken gratiniert 221
Truthahnleber mit Zwiebelsauce
　173

Vanillekipferl 244

Wachtelbrüstchen auf Feldsalat mit
　Kartoffeln und weißen Trüffeln
　33
Wachtelbrüstchen mit Smyrna-
　Trauben 168
Wachtel-Consommé mit Linsen 88
Walderdbeeren, Gratinierte, mit
　Rhabarber und Krokanteis 246
Waller-Fricassée mit Meerrettich
　und Gemüse-Julienne 112
Wildentenbrust mit „schwarzen
　Nüssen" 188
Wildfond, Brauner 256
Wildrouladen im Wirsingmantel
　191

Zander in Zitronenbutter 98
Zickleinkeule auf Steinpilz-Risotto
　147
Zickleinkeule, gebraten, auf
　Frühlingsgemüsen 148
Zitronenkuchen, lauwarm, mit
　Walderdbeeren 243
Zwetschgen-Terrine mit Rum-
　sahne 224
Zwiebel-Confit 210